푸에블로호 피납사건과 한국의 대응

한국외교협상사례 총서 15

푸에블로호 피납사건과 한국의 대응

초판 1쇄 발행 2023년 11월 30일

지 은 이 정성윤
발 행 인 윤관백
발 행 처 도서출판 선인
출판번호 제5－77호(1998.11.4)
주소 07912 서울시 서초구 남부순환로 48길 1, 1층
전화 02－718－6252 **팩스** 02－718－6253
이메일 sunin72@chol.com

정가 17,000원

ISBN 979-11-6068-848-1 94340
979-11-6068-846-7 (세트)

– 이 책은 집필자의 견해를 바탕으로 작성된 것으로서 외교부의 공식 입장과는 무관한 것입니다.

한국외교협상사례 총서 15

푸에블로호 피납사건과 한국의 대응

정성윤

선인

서 문

1968년 1월 발발한 푸에블로호 피납 사건은 학문적·외교사적으로 과소 평가되고 외면되었던 대표적인 외교·안보 위기 사례이다. 1960년대 후반은 북한의 호전적 군사 도발 등으로 소위 제2의 한국전쟁 기간이라 불린다. 당시 국제정치는 베트남전과 미소 간 군비경쟁 등으로 냉전의 최정점에 있었다. 비록 얼마 지나지 않아 남북 간 대화가 진행되고 베트남전 종식, 미·중 데탕트로 냉전의 해빙기가 찾아들었지만, 60년대 후반 그 몇 년 동안 한반도와 동아시아, 그리고 국제사회는 마치 폭풍의 전야처럼 극도로 불안하고 너무나 차가웠다. 이 시기에 바로 한반도에서 남북한이, 그리고 미국과 소련이 전쟁이 문지방까지 갔던 심각한 위기가 바로 푸에블로호 피납으로 촉발되었던 것이다.

푸에블로호 피납 사건은 11개월이 지나 해결되었다. 미국과 북한은 29차례의 비공개 협상을 진행했다. 전쟁은 발발하지 않았고 푸에블로호 승무원들은 고향으로 돌아갔다. 이를 위해 미국은 북한에게 사과를 했지만 추후 이를 부인하며 체면을 구겼다. 북한은 6. 25전쟁 이후 자신을 국가로 인정하고 있지 않던 미국과 정부 대 정부의 관계로 협상을 진행했다. 미국에게 푸에블로호 피납 사건은 외교적 수치였지만 북한에게 이 사건은 대미 항쟁의 표상이 되었다. 북한은 푸에블로호를 지금도 대동강변에 전시하며 자신들의 승리를 기념하고 있다.

하지만 푸에블로호 피납 사건은 또 다른 숨겨진 주인공은 바로 대한민국, 한국 정부였다. 당시 박정희 정부는 푸에블로호 피납 사건을 심각한 안보 위협으로 인식했다. 당시 더 이상의 북한 도발을 용인할 수 없다는 한국 정부와 국민들의 분노와 결기는 단호했다. 한국 정부가 동맹국 미국에게 강화된 안보 공약과 군사적 지원을 요구한 것은 자연스럽고 당연했다. 하지만 비록 동맹 관계라 하더라도 의지와 요구만으로 미국의 약속과 지원을 쉽게 얻을 수 있는 것은 쉬운 일이 아니었다.

당시 약소 동맹국인 한국은 강대 동맹국 미국의 입장을 전략적으로 활용하며 미국과의 다양한 협상을 통해 미국의 경제·군사적 지원을 최대한 확보했다. 미국은 한편으로는 한국의 베트남 파병 철회를 막기 위해, 한편으로는 한국의 단독 대북 군사 보복을 저지하기 위해 약소 동맹국인 한국에게 적지 않은 지원을 약속해야만 했다. 푸에블로호 피납 사건이 역대 우리 정부의 외교협상 사례 중, 가장 성공적인 외교협상 사례이자 가장 전략적이었던 동맹 관리 업적으로 평가받아야만 하는 이유이다.

이와 같이 국제정치사에 중요한 안보 위기사이자 우리 외교사에 중요한 협상 사례임에도 불구하고, 푸에블로호 피납 사건에 대한 학문적·정책적 관심은 낮았다. 본 사례를 단순히 미북 간 사건으로 치부하며 수많은 북한의 군사 도발 중 하나로 평가해 왔던 점을 부인하기 어렵다. 하지만 90년대 후반부터 미국의 비밀문서가 대량 해제되고, 20010년을 전후해 국내 학계에서 다양한 연구 논문이 발간되기 시작하면서 이 사건은 중요한 연구 주제로 재조명되고 있다. 특히 단순히 미북 간 사건이 아니라 우리의 안보, 우리의 외교라는 차원에서 본 사건을 조망하게 되면서, 그간 우리가 경시했던 우리 정부의 자랑스러운 외교사적 성과와 교훈을 평가하고 성찰하게 된 것은 실로 다행스럽고 개인적으로도 영광스럽다.

개인적으로 본 사례는 본인의 박사학위 논문 주제였다. 본 저서를 집필하며 미국 메릴랜드의 국립문서보관소(NARA)와 텍사스 오스틴의 존슨 대통령 기념 도서관에서 방대한 비밀 해제 문서 뭉치의 한 장 한 장을 넘기며 과거와의 대화를 나누었던 길고 길었던 2005년 4계절이 그리워졌다. 여전히 천학비재(淺學菲

才)인 본인을 학자의 길로 이끌어주셨고 지금도 과분도 격려를 아끼지 않으시는 현인택 교수님(前 통일부장관), 진정한 애국을 위한 참된 연구자의 길을 인도하고 밝혀주신 김성한 교수님(前 국가안보실장), 이 두 분의 가르침으로 인해 본 연구의 처음과 끝이 모두 가능했음을 고백하고 감사드린다. 마지막으로 본 연구의 가치를 발견하고 힘을 실어준 국립외교원 이상숙 박사님, 정종혁 연구원에게도 감사의 마음을 전하고자 한다.

2023년

정 성 윤

차 례

범 례

1. 본 총서는 한국외교협상사례 기획편집위원회가 선정한 『한국 100대 외교협상사례』에 기초하여 협상의 배경과 중요 쟁점, 전개과정과 협상전략, 후속조치와 평가 등을 서술한 것이다.

2. 본 총서의 집필자 추천 및 원고 심사는 한국외교협상사례 기획편집위원회가 담당하였다. 본 위원회의 구성은 다음과 같다.
   위 원 장 홍석률(성신여자대학교)
   위 원 신종대(북한대학원대학교)
   위 원 우승지(경희대학교)
   위 원 임혜란(서울대학교)
   위 원 정병준(이화여자대학교)
   위 원 조양현(국립외교원)

3. 본 총서는 각 협상사례를 상대국 및 주제에 따라 총 7개의 클러스터로 분류하였다. 각 클러스터는 책등 및 앞표지 좌상단의 "한국외교협상사례 총서" 표기의 색으로 구분하였다.
   1) 한반도(황색)
   2) 미국(주황색)
   3) 일본(자주색)
   4) 중국, 러시아(보라색)
   5) 유럽, 제3세계(남색)
   6) 국제기구, 환경(녹색)
   7) 경제통상(연두색)

4. 부록에는 협상의 관련 자료 및 해제와 연표 등을 수록하였다.
   1) 관련 자료에는 한국, 협상상대국, 제3국의 외교문서 원문 및 발췌문, 발표문, 언론보도 등을 수록하였다.
   2) 자료의 제목, 공식 문서명, 발신일, 수록 문서철, 문서등록번호, 기타 출처 등은 부록 서두에 목록화하였다.
   3) 자료 해제에는 각 자료의 배경, 요점, 함의 등을 간략히 기술하였다.
   4) 연표에는 주요 사건의 시기와 내용, 관련 자료 등을 표기하였다.
   (예)

시기	내용
1950. 10. 7.	유엔총회 UNCURK 창설 결의
[자료 1] "Resolution 376 (V) Adopted by the General Assembly"	

   5) 자료의 제목은 공식 문서명을 기재하는 것을 원칙으로 하되(예: "Telegram from the Embassy in Korea to the Department of State") 편의상 자료의 통칭 등을 기재하기도 하였다(예: "닉슨 독트린").
   6) 자료는 원칙적으로 발신일을 기준으로 나열하되, 경우에 따라 협상 단계 및 자료간 연관성 등을 고려하여 배치하였다.

개 요

푸에블로호 피납사건(The USS Pueblo Incident)은 1968년 1월 23일 북한이 미 해군 정보수집함정인 푸에블로호를 한반도 동해안에서 무력으로 나포한 사건이다. 북한은 나포과정에서 미군 1명을 살해했고 승무원 82명을 포로로 잡았다. 푸에블로호가 피납되자 미국은 항공모함을 동원하는 등 한반도 인근에 해·공군 전력을 대규모로 증강하며 북한에게 포로의 무조건 송환을 요구했다. 하지만 북한은 미국 소속의 푸에블로호가 자국 영해를 불법적으로 침범했다고 주장하며 미국의 공식 사과를 요구했다. 이후 미·북 양국은 책임 인정, 사과, 재발 방지와 관련해 치열한 비공개 협상을 전개한다. 결국 그 해 12월 23일 미군 포로가 석방되면서 사건은 마무리되었다.

푸에블로호 피납사건은 냉전기의 변곡점에서 발발한 중대한 안보위기 사례이다. 이 사건은 베트남 전쟁이 가장 격렬했던 시기와 동서 데탕트의 중간 지점, 즉 냉전 질서의 전환기 속에서 발생했다. 푸에블로호 사건은 발생 장소의 지정학적 이유로 인해 미·소 두 초 강대국의 군사적 충돌까지 우려되었던 중대한 국제정치 갈등 사례였다. 아울러 한국 정부의 강경한 대북 무력 보복 의지와 함께, 북한의 도발에 미국이 대규모 군사력을 실제 동원했다는 차원에서, 이 사건은 전쟁 발발 가능성이 높았던 고강도 안보 위기 사례라고 평가할 수 있다.

하지만 이 사건을 단순히 미·북 관계 혹은 강대국 관계에 국한된 국제 안보 위기 사례로만 단정하기는 힘들다. 이 사건은 한반도 인근에서 발발했고 당시 판문점 정전위원회가 소집되는 등 한국의 중대한 안보 사건이기도 하다. 특히 본 사건으로 인해 한반도에서 전쟁 발발 가능성이 높았다는 점, 사건 대응 과정에서 한미 간 긴밀한 협력이 진행되었다는 점, 그리고 무엇보다 이 사건이 1960년대 후반 한국에 대한 북한의 일련의 고강도 안보 위협의 과정에 포함된다는 점 등을 고려해 볼 때, 푸에블로호 사건은 국제관계뿐 아니라 한국의 중대한 안보 위기 사례이기도 했다.

본 연구는 푸에블로호 피납 사건에서 확인할 수 있는 '한국 요소'를 중점적으로 조명함으로써, 한국의 외교 정책사에 중요한 교훈을 얻고자 한다. 푸에블로호 피납 당시 한국 정부에게 이 사건은 상당히 충격적인 안보 도전이었음이 분명하다. 한국 정부는 사건 발발 불과 이틀 전 발생했던 1.21 청와대 기습사건으로 상당히 격양되어 있었다. 북한이 한국의 대통령을 직접 겨냥한 고강도 도발을 강행한 직후, 세계 최강대국이자 한국의 동맹국인 미국의 해군 함정을 무력을 동원해 나포함으로써, 한국 정부와 국민들은 심각한 안보 불안에 직면했다. 이미 북한이 제2의 6.25 전쟁을 획책할 것이라고 강하게 의심하고 있었던 박정희 대통령과 한국 정부는 이러한 일련의 북한의 고강도 도발을 좌시하고 지나칠 수 없었다.

따라서 당시 한국 정부는 1.21 청와대 기습사건과 푸에블로호 피납 사건을 연계해 북한에게 강력히 대응해야 한다는 입장을 강력히 견지했다. 즉 한국 정부는 단독으로라도 강력한 보복을 통해 북한의 도발에 대한 책임을 묻고 향후의 도발 가능성을 적극적으로 차단하고자 하였다. 한국 정부의 이러한 강경한 자세는 외교적 방법을 통해 사건을 해결하고자 하는 미국 존슨 행정부와의 긴장을 유발했다. 미국은 승무원들의 조기 송환이 일차적 목표였기에 북한에 대한 강경 대응은 자칫 이를 어렵게 만들 수 있다고 우려했다. 아울러 미국은 박정희 정부의 북한에 대한 강경 대응이 자칫 확전으로 이어지고, 이로 인해 미국이 원하지 않는 안보 위기에 연루될 수 있음을 경계하였다.

푸에블로호 피납 사건 초기 한미 양국은 이처럼 사건의 해석 및 대응과 관련해 이견을 노출했다. 따라서 이를 봉합하기 위해서라도 양국 간 신속한 협상이 요구되었고, 양국 정부는 이의 필요성에 공감하였다. 그 결과 2월 미국의 밴스 특사의 방한으로 한미 간 협상이 진행되었고 4월에는 미국에서 한미정상회담이 개최되었다. 아울러 양국은 두 회담을 전후로 본 사건으로 파생된 다양한 쟁점에 대한 다양한 방식의 협의를 이어갔다.

양국이 3달간 지속된 협상을 통해 다루고자 했던 쟁점은 첫째, 한국의 단독 보복 가능성과 미국의 우려, 둘째, 1.21 청와대 기습사건과 푸에블로 피납 사건의 연계 대응, 셋째, 미·북 간 직접 회담에 대한 한미 간 입장의 차이, 넷째, 주한미군과 한국의 베트남 파병문제 등 동맹 간 안보협력 의제 등이었다. 이러한 쟁점을 둘러싼 협의를 통해 한국은 무엇보다 미국으로부터 좀 더 강화된 안보 공약과 지원을 확약받고자 노력했다. 반면 미국은 한국의 단독 보복 의지를 진정시킴과 동시에 베트남전 파병 부대의 철군 가능성을 차단하고자 했다.

한미 간 협상은 결국 양국이 설정한 애초 목표를 각자 충실히 달성하는 방향으로 귀결되었다. 양국은 1.21 청와대 기습사건과 푸에블로호 피납 사건을 연계해 일련의 북한의 도발에 대한 공통된 위협 인식을 공유했다. 한국은 베트남전에 자국 병력을 추가로 파병하지 않았으며, 미국으로부터 주한미군 주둔 지속과 다양한 추가 군사·경제 지원도 약속받았다. 미국은 한국의 보복 의지를 진정시켰고 미·북 회담에 대한 한국의 묵인을 받아냈다. 무엇보다 베트남에서 한국군의 철병도 단행되지 않았다.

한국은 미국과의 협상을 통해 60년대 후반 급속히 고조되던 안보 위협에 능동적으로 대처할 수 있는 기반을 확보했다. 미국의 즉각적인 군수 지원과 주한미군의 주둔 약속을 얻어 냈으며, 북한의 도발에 대한 한국의 우려를 진중하게 미국에 전달할 기회도 얻을 수 있었다. 이와 더불어 한국의 미래 안보를 위한 중요한 계기도 마련했다. 무엇보다 한국의 자주국방을 강화할 수 있는 다양한 조치가 착수되었고, 한미 간 군사각료협의의 정례적 개최와 같은 동맹의 결속력도 강화하였다.

특히 당시 미국과의 협상 과정에서 한국 정부가 보여준 전략적 행보와 외교적 절제력의 효과 또한 주목하지 않을 수 없다. 한국 정부는 동맹국인 미국의 이익과 입장을 고려하면서도, 북한의 도발을 규탄하고 재발 방지를 위한 실질적 방책을 확보해야만 하는 어려운 처지에 직면했다. 대북 강경 분위기에 편승한 대북정책은 자칫 동맹 관계의 심각한 균열과 한국이 감당하기 힘든 확전의 위험을 야기할 수 있었다. 미국의 입장만을 고려하기에는 당면한 안보 정세가 상당히 심각했고 미래의 안보 불확실성이 너무 높았다. 따라서 당시 한국은 안보와 동맹이라는 두 마리 토끼를 모두 잡아야 하고, 현재와 미래를 동시에 고려해야만 하는 환경과 필요성에 직면했었다. 이러한 전략적 환경에서 위기를 극복하려는 한국의 노력을 통해 다음과 같은 세 가지 중요한 교훈을 확인할 수 있다.

첫째, 미국의 전략적 필요성을 활용한 실용적 외교 전략의 효과이다. 박정희 정부는 미국 정부가 베트남전과 관련해 대내외적으로 어려운 상황에 직면하고 있었음을 간파하고 있었다. 박정희 대통령은 사건 초기부터 베트남 파병 부대의 철수 문제를 거론하기 시작했다. 북한의 도발로 인해 한국의 안보가 심각하게 위태롭다는 합리적이고 긴박한 근거도 미국측에 제시하고 강조했다. 나아가 박정희 정부는 국민들과 조야의 강경한 대북 분위기를 활용해 북한에 대한 단독 보복 의지를 불사했다. 한국 정부가 파병을 철회할 수 있는 명분과 환경이 충분한 상황에서, 미국은 동맹국의 결심과 행동을 제지하기 위해 한국 정부의 요구에 최대한 협력할 수밖에 없었을 것이다.

둘째, 당시 한국 정부가 거시적 차원의 대응 전략을 고려했다는 점도 평가할 수 있다. 한국은 미국과의 협상 시 협상의 이슈를 푸에블로호 사건에만 국한하지 않았다. 애초에 한국 정부는 1967년 이후 급격히 증가한 북한의 군사적 도발들의 연장에서 피납 사건에 접근했다. 그리고 미국 정부에게 1.21 청와대 기습사건과 이 사건을 연계해서 대응하자고 끈질기게 요구했다. 이러한 한국의 노력으로 한미 간 협정내용에는 푸에블로호 피납 사건에 대한 입장에만 국한되지 않고, 동 사건을 포함한 북한의 도발 전반에 대한 규탄과 대응으로 구성되었다. 이로 인해 세계가 주목하는 미국의 푸에블로호 피납 사건과 더불어 한반도 안보 상황에 대해 국제적 여론이 환기되는 계기가 마련되었다고 볼 수 있다.

셋째, 한국 정부가 현재의 현안에만 집중하지 않고 장기적 차원에서도 미국과의 협상에 임했다는 점도 소중한 정책적 교훈이다. 한미 협상 과정에서 한국이 미국에게 줄곧 요구했던 사항은 자주국방에 필요한 군 현대화 지원, 한미 국방부 각료급의 정기협의체 창설, 한미상호방위조약의 적용 범위와 조건에 대한 문제였다. 이러한 사항들은 현재의 안보 필요와 미래의 안보 취약성을 대비한 장기적 관점의 요구였다. 특히 장기적 차원의 국방력 구축 노력에 많은 시간이 소요된다는 점을 고려할 때, 당시 한국 정부가 목표 달성 전까지 주한미군의 주둔이 절실하고 불가피하다는 실용적 입장을 정립한 것도 중요한 전략적 교훈이다.

결과적으로 푸에블로호 피납 사건 이후 진행되었던 다양한 한미 간 협상은 상호 호혜적이었다. 하지만 당시 협상 과정과 결과가 비단 한미 양국에게만 긍정적 영향을 미친 것은 아니었다. 한미 간 협력 강화는 미국이 안정적으로 북한과 회담에 임할 수 있는 환경을 조성했고, 결국 푸에블로호 승무원들이 무사 송환됨으로써 사건의 완만한 종결 또한 견인했다. 무엇보다 한국이 미국의 염려와 요구를 수용해 북한에 대한 무력 보복 조치를 강행하지 않음으로써, 한반도의 위기가 제2의 6.25 전쟁으로 파급되지 않았다.

만약 당시 한국의 신중한 정책 판단과 과감한 전략적 판단이 없었다면 한반도에서 남북한 간 군사적 충돌은 불가피했을지 모른다. 그리고 이로 인해 미국과 소련의 의도치 않은 군사적 개입 또한 발생했을 가능성도 배제할 수 없다. 당시 한반도에서 군사적 긴장과 충돌이 국제화되었다면, 한반도는 다시 한번 전쟁의 참화에 휩싸였을 가능성이 있고, 이는 자칫 베트남 전쟁과 더불어 동아시아 전체가 전장이 될 수도 있었을 것이다. 이러한 부정적 파급효과는 닉슨의 데탕트 외교를 포함해 향후 동서 냉전의 모습과 성격 자체를 변화시켰을 것이다. 이러한 점을 고려해 볼 때, 푸에블로호 피납사건 당시 한미 간 협상 사례는 동맹 관리와 위기관리 차원에서 중요한 외교사적·안보적 시사점을 내포하고 있음이 분명하다.

이상과 같은 한국의 외교사적 교훈뿐만 아니라 국제정치학 분야의 학술적 차원에서도 푸에블로호 피납 사건과 한미협상 사례의 시사점을 제시할 수 있다. 첫째, 푸에블로호 사건에 대응한 한미 간 협상은 서로 입장이 상이한 동맹국들이 공통의 안보 위협을 어떻게 극복하는지에 대한 전형적인 연구 사례로 평가할 수 있다. 특히 동맹국 간의 협상에서 통상 강대 동맹국이 협상에서 우월한 지위를 확보하는 일반 사례에 비추어 볼 때, 당시 상대적 약소 동맹국인 한국이 강대 동맹국인 미국과의 협상에서 적지 않은 협상 성과를 획득한 점은 예외적 연구사례로 중요한 의미가 있다.

둘째, 비대칭 동맹국 간에 강대 동맹국이 약소 동맹국의 안보적 행위에 연루(entrapment)될 수 있고, 강대 동맹국이 소위 '동맹국 제지'를 위해 정책자원을 수세적으로 활용할 수밖에 없었다는 점 또한 동맹국 간 관계에 대한 중요한 학문적 시사점이라 볼 수 있다. 즉 푸에블로호 피납 가건 사례는 비대칭 동맹내부의 방기와 연루의 딜레마가 발생한다는 기존 국제정치이론의 주요 주장뿐 아니라, 연루의 문제가 반드시 약소 동맹국에게만 발생하는 것이 아니라는 연구 질문도 제공한다.

셋째, 본 사례는 미국의 국가 대전략(Grand strategy)의 변화가 한미동맹에 미치는 영향과 관련해서도 중요한 의미가 있다. 닉슨 행정부의 데탕트 추진이라는 글로벌 외교 대전략(grand strategy)의 영향으로, 결국 1968년 형성된 한미 간 중요 협의 사항이 무력화되었다. 그리고 닉슨 행정부는 한반도에서의 연루의 회피와 중국과의 관계 개선을 위해 한국 정부에게 남북대화를 권유하였고, 방위비 부담 감소 차원에서 주한 미군의 규모 또한 조금씩 감축하였다. 하지만 이러한 미국의 한반도 정책은 이후 포드 행정부를 거치면서 재래식 방어 전략이 공세적으로 변화하고 한미연합사를 통해 연합지위체제가 강화되면서 다시 1968년 합의 내용처럼 재전환하게 되었다. 이처럼 존슨-닉슨-포드 행정부 동안의 미국의 대외전략 변화가 한미동맹 관계의 역동성을 제공하는데 중요한 동기가 되었음도 중요한 학문적 함의가 있다.

넷째, 비록 한국이 관여한 상황은 아니지만, 본 사례는 냉전기 미·소 초강대국이 지역 위기 시 어떠한 상호작용을 했는지에 관한 중요한 시사점을 제공한다. 냉전기 미·소 두 강대국은 직접적 군사 대결은 극도로 신중했지만, 다양한 지역에서 대리전 형태의 패권 다툼은 주저하지 않았다. 하지만 푸에블로호 사건 당시 미국과 소련은 각각 동맹국들의 무모한 모험주의와 이에 대한 보복이 초래할 확전(escalation)을 극도로 경계했다. 이러한 점은 양극 체제하에서 지배적 강대국들이 어떻게 블록내 영향력을 유지하려고 했는가에 대한 중요한 시사점을 제공한다.

한국외교협상사례 총서 15

푸에블로호 피납사건과 한국의 대응

I. 서론

1. 사례연구의 의의

푸에블로호 피납사건(The USS Pueblo Incident)은 1968년 1월 23일 북한이 미 해군 정보수집함정인 푸에블로호를 한반도 동해안에서 무력으로 나포한 사건이다. 북한은 나포과정에서 미군 1명을 살해했고 승무원 82명을 포로로 잡았다. 푸에블로호가 피납되자 미국은 항공모함을 동원하는 등 한반도 인근에 해·공군 전력을 대규모로 증강하며 북한에게 포로의 무조건 송환을 요구했다. 하지만 북한은 미국 소속의 푸에블로호가 자국 영해를 불법적으로 침범했다고 주장하며 미국의 공식 사과를 요구했다. 이후 미·북 양국은 책임 인정, 사과, 재발 방지와 관련해 치열한 비공개 협상을 전개한다. 결국 그해 12월 23일 미군 포로가 석방되면서 사건은 마무리되었다.

푸에블로호 피납사건은 냉전기의 변곡점에서 발발한 중대한 안보위기 사례이다. 이 사건은 1배트남 전쟁이 가장 격렬했던 시기와 동서 데탕트의 중간 지점, 즉 냉전 질서의 전환기 속에서 발생했다. 푸에블로호 사건은 발생 장소의 지정학적 이유로 인해 미·소 두 초 강대국의 군사적 충돌까지 우려되었던 중대한 국제정치 갈등 사례였다. 아울러 한국 정부의 강경한 대북 무력 보복의지와 함께, 북한의 도발에 미국이 대규모 군사력을 실제 동원했다는 차원에서, 이 사건은 전쟁 발발 가능성이 높았던 고강도 안보 위기 사례라고 평가할 수 있다.

당시 사건과 관련해 지금까지 외교사적 혹은 학문적 관심은 주로 미·북 관계 측면에 맞추어져 왔다. 두 국가가 사건의 직접적인 당사국이었기 때문이다. 따라서 지난 50여 년 동안 이 사건은 미국의 외교정책, 미국의 위기관리, 미·북 협상,

북한의 도발 동기 등과 관련해 학문적·정책적 주목을 받았다. 아울러 본 사건의 해결을 위해 UN이 개입하고, 미·소 정상이 수 차례 의견을 교환했던 점에 주목하며, 연구자들은 이 사건을 냉전 시기 강대국 관계에 대한 의미 있는 연구 사례로도 다루어 왔다.

하지만 이 사건을 단순히 미·북 관계 혹은 강대국 관계에 국한된 국제 위기 사례로만 단정하기는 힘들다. 이 사건은 한반도 인근에서 발발했고 당시 판문점 정전위원회가 소집되는 등 한국의 중대한 안보 사건이기도 하다. 특히 본 사건으로 인해 한반도에서 전쟁 발발 가능성이 높았다는 점, 사건 대응 과정에서 한미 간 긴밀한 협력이 진행되었다는 점, 그리고 무엇보다 이 사건이 1960년대 후반 한국에 대한 북한의 일련의 고강도 안보 위협의 과정에 포함된다는 점 등을 고려해 볼 때, 푸에블로호 사건은 국제관계뿐 아니라 한국의 중대한 안보 위기 사례이기도 했다.

본 연구는 이와 같은 전제하에 푸에블로호 피납 사건에서 확인할 수 있는 '한국 요소'를 중점적으로 조명하고자 한다. 특히 한반도 안보 위기에 공동으로 대처하는 '동맹국 간'의 협상 사례에 주목한다. 당시 한·미 두 동맹국은 북한의 푸에블로호 나포 행위에 공동으로 대처해야 했다. 하지만 한국과 미국은 서로 다른 목표와 전략을 고려하고 있었다. 한국 정부의 목표는 북한을 응징하고 다시는 도발하지 못하도록 교훈을 주는 것이었다. 이를 위해 당시 박정희 정부는 필요하다면 군사력을 동원할 수도 있다는 강경한 입장을 견지했다. 이에 반해 미국의 최우선 목표는 생존 포로의 조기 송환이었고, 북한과의 외교적 협상을 통해 이 목표를 달성하고자 했다.

한국과 미국이 동일한 안보 위협에 상이한 목표와 전략을 채택했던 이유는, 무엇보다 이 사건을 인식하고 평가하는 두 국가의 분석수준이 달랐기 때문이다.

한국은 푸에블로호 사건을 북한 정권의 대남 무력 투쟁 전술로 평가했고 따라서 중대한 안보 위협으로 인식했다. 하지만 미국은 이 사건을 베트남전에 미치는 영향과 소련과의 관계, 그리고 확선의 가능성과 파급효과까지 고려해야 하는 글로벌 수준의 복합적 현안으로 접근했다. 무엇보다 당시 미국은 국내 반전 여론이라는 정치적 부담감을 고려해 승무원들을 조기에 송환시키고 한반도에서 또 다른 전쟁의 발발을 저지해야만 했다.

한국과 미국은 1968년 2월과 4월, 두 차례 협상을 진행했다. 당시 미국의 존슨 행정부는 한국 정부와의 협상에 적극적이었다. 미국은 우선 한국의 북한에 대한 무력 보복 의지를 단념시켜 확전 가능성을 차단하고자 노력했다. 동시에 미국은 박정희 정부가 안보 불안을 이유로 베트남에서의 한국군 철병 조치를 단행하지 못하도록 한국을 진정시켜야만 했다. 한국은 미국의 이러한 전략적 필요와 절박함을 한미 협상 과정에서 적절히 활용했다. 그 결과 한국 정부는 추가 안보·경제 지원 등 미국 정부로부터 국방력 강화를 위한 확약을 받는 성과를 얻었다. 미국 또한 한국의 단독 군사 보복 의지를 단념시켰으며, 한국군의 베트남 파견 병력 철수 가능성을 낮추는 소기의 성과를 획득했다.

결과적으로 한미 협상은 상호 호혜적이었다. 하지만 당시 협상 과정과 결과가 비단 한미 양국에게만 긍정적 영향을 미친 것은 아니었다. 한미 간 협력 강화는 미국이 안정적으로 북한과 회담에 임할 수 있는 환경을 조성했고, 결국 푸에블로호 승무원들이 무사 송환됨으로써 사건의 완만한 종결 또한 견인했다. 무엇보다 한국이 미국의 염려와 요구를 수용해 북한에 대한 무력 보복 조치를 강행하지 않음으로써, 한반도의 위기가 제2의 6.25 전쟁으로 파급되지 않았다.

만약 당시 한국의 신중한 정책 판단과 결정이 없었다면 한반도에서 남북한 간 군사적 충돌은 불가피했을지 모른다. 그리고 이로 인해 미국과 소련의 의도치 않은 군사적 개입 또한 발생했을 가능성도 배제할 수 없다. 당시 한반도에서 군사적 긴장과 충돌이 국제화되었다면, 한반도는 다시 한번 전쟁의 참화에 휩싸였을 가능성이 있고, 이는 자칫 베트남 전쟁과 더불어 동아시아 전체가 전장이 될 수도 있었을 것이다. 이러한 부정적 파급효과는 닉슨의 데탕트 외교를 포함해 향후 동서 냉전의 모습과 성격 자체를 변화시켰을 것이다. 이러한 점을 고려해 볼 때, 푸에블로호 피납사건 당시 한미 간 협상 사례는 동맹 관리와 위기관리 차원에서 중요한 외교사적·안보적 시사점을 내포하고 있음이 분명하다.

2. 사례연구의 특징과 주요 질문

본 연구는 푸에블로호 피납 사건 당시 한국과 미국이 추진했던 협상들과 협상을 전후한 두 국가의 관계를 다룬다. 하지만 본 연구를 수행하기 위해서는 푸에블로호 피납 사건 자체의 발발 배경과 전개 과정, 그리고 사건 당시 한국과 미국이 직면했던 외교·안보 환경을 선행적으로 고려해야만 한다. 아울러 사건 당시 한·미 협상의 배경을 이해하기 위해서는 두 국가가 협상에서 직면했던 쟁점 사안에 대한 입장 또한 고려해야만 한다.

이러한 취지에서 본 연구는 우선 푸에블로호 피납 사건의 전개 과정과 이를 통해 확인할 수 있는 국제정치적 함의를 제시하고자 한다. 이는 한·미 협상 과정에서 미국의 정책결정 과정의 전략적 배경을 고려할 필요가 있기 때문이다. 아울러 이러한 연구 노력은 추후 한·미 협상이 미치는 파급효과를 다양한 시각에서 식별하는데 도움이 될 것이다.

아울러 본 연구는 협상 사례의 당사국인 한국과 미국이 당시 직면했던 대내외적 환경에도 주목하고자 한다. 당시 한국 정부의 대북 태도와 인식, 그리고 한미동맹에 대한 평가와 전략적 필요성 등이 미국과의 협상과정에서 중요하게 반영되었기 때문이다. 아울러 한국과의 협상 과정에서 미국 존슨 행정부 또한 반전 여론 등 국내정치적 상황과 베트남전에 대한 전략적 인식 등이 중요하게 작동되었음도 고려할 필요가 있다. 이러한 연구 내용은 푸에블로호 사건에 임하는 한·미 양국의 전략적 입장을 이해하기 위해 반드시 필요한 요소이다.

본 연구는 주요 분석 대상인 협상 사례의 쟁점들 각각에 대한 전후 맥락적 특징과, 푸에블로호 피납 이전의 양국 간 협상에 대해서도 주목하고자 한다. 주한미군, 베트남 파병, 한국에 대한 미국의 군사·경제적 지원 등의 이슈들은 푸에블로호 사건 이전부터 한·미 관계의 주요 협의 사안들이었다. 1968년 진행된 한·미 협상은 푸에블로호 피납 이전부터 진행되어왔던 위와 같은 주요 이슈들의 협상과 논의의 연장이기도 하였다. 따라서 본 연구는 이러한 점을 충분히 고려하고자 한다.

이상과 같은 연구 특징을 적절히 반영하기 위해 본 연구는 기본적으로 역사구조주의에 입각한다. 이를 위해 우선 본 연구는 양국이 생산했던 당시 정부 문서를 중심으로 교차분석을 수행한다. 이 경우 연구 결과의 성과는 연구가 활용하는 자료의 수준에 따라 크게 좌우된다. 특히 사례 내용의 평가와 주장에 대한 내적 타당성(internal validity) 확보를 위해서는 가급적 1차 자료를 중심으로 논지를 전개할 필요가 있다. 하지만 내용의 맥락을 이해하기 위해서 기존 연구와 같은 2차 자료의 부분적 활용도 불가피하다. 본 연구는 이 경우에도 학계가 광범위하게 인정하는 통설이나 유력한 설명만을 선별해 참고하고자 하였다.

이러한 연구 방법 수행을 위해 본 연구가 활용한 한국과 미국의 1차 자료를 소개하면 다음과 같다. 우선 본 사건과 관련된 국내 자료는 한국의 국회와 외교부 국립외교원의 외교사료관에 다수 보관되어 있다. 우선 국회에는 미국 아이젠하워 대통령 기념도서관이 소장하고 있는 한국과 미국 자료들 400여건이 「Manuscript collection in the Dwight D. Eisenhower Library relation to Korea, V 10: Eisenhower D. Papers, Post-Presidential, 1961-1969」의 제목으로 마이크로 필름 형태로 보관되어 있다. 외교사료관에는「1.21 무장공비침투 및 푸에블로호 납북사건」이라는 제목의 8권을 비롯해, 「박정희 대통령 미국 방문, 1968.4.17.-19. 전2권」, 「Vance, Cyrus R. 미국 대통령특사 1.21사태관련 방한 1968.2.12.-15. 전2권」, 「한·미 국방각료회담, 제1차. Washington D.C., 1968.5.27.-28」등이 보관되어 있다.

본 사례와 관련한 미국 측 1차 자료는 미국의 국립문서기록관리청(National Archives and Records Administration: NARA), 존슨 대통령 기념도서관(LBJ Presidential Library), 미 해군사관학교(United States Naval Academy), 아이젠하워 대통령 기념도서관(Dwight D. Eisenhower Library and Museum), 국무부가 편찬한 『Foreign Relations of the United States: FRUS』, 윌슨 센터(Wilson Center)의 냉전사 연구 디지털 아카이브 등에 산재 되어 있다. 국립문서보관소 자료 대부분과 존슨대통령 기념도서관 자료 일부는 FRUS를 통해 공개되어 있다.

특히 본 연구는 텍사스 오스틴에 소재한'존슨 대통령 기념도서관'이 소장한 자료를 주로 활용하였다. 이 도서관에는 국가안보파일(National Security File)로 분류된 당시 문서들이 박스(box)별로 구분되어 보관되어 있다. 푸에블로호 피납사건 자료들은 총 15개의 박스에 보관되어 있다(box 번호: 5, 10, 11, 21, 28, 29, 30, 31, 32, 34, 36, 37, 91, 256, 258). 이들 자료 중 일부는 FRUS 에도 주요 내용이 해제되어 수록되어 있다.

푸에블로호 피납사건 당시의 한·미 협상과정을 분석하면서 본 연구가 제시하고자 하는 중요한 질문은 다음과 같다.

① 푸에블로호 사건에 대한 한·미 양국의 대응 목표와 전략은 무엇이고, 왜 두 국가는 그러한 입장을 취하였는가?

② 한·미 협상 과정에 임하는 한국과 미국의 전략은 무엇이었고 각 전략의 효과는 어떠했는가?

③ 한·미 협상의 결과가 한국의 안보 이익과 동맹의 미래에 미친 파급효과는 무엇인가?

④ 푸에블로호 나포 사건과 한·미 협상과정의 정책적·학문적 시사점과 교훈은 무엇인가?

Ⅱ. 푸에블로호 피납사건의 개요 및 의미

1. 푸에블로호 피납사건 개요

1968년 1월 23일 한국 시간 오후 2시경, 북한 해군이 원산항 인근 공해상에서 미국의 정보수집함(electronic intelligence ship)인 푸에블로호(The USS Pueblo)를[1] 나포했다. 북한은 푸에블로호를 나포하는 과정에서 승무원 1명을 사살하고 82명을 생포했다. 사건 초기 미국 존슨 행정부는 푸에블로호의 북한 영해 침범 가능성을 부인하며, 당시 푸에블로호가 환경조사 임무를 수행 중이었다고 주장했다. 그리고 북한에게 국제법과 인도주의 원칙에 따라 푸에블로호와 승무원들의 신속한 반환할 것을 강력히 요구했다. 하지만 북한은 승무원들의 자백과 배에서 획득한 첩보 수집 관련 자료들을 증거로 제시하며 푸에블로호의 간첩행위를 주장했다. 또한 북한은 승무원들을 북한 국내법에 따라 처벌하겠다고 강조하며 미국의 요구를 거절했다.

푸에블로호 피납 사건이 발생하자 미국은 북한의 푸에블로호 피납을 한반도와 동북아시아에서의 자국 안보 이익에 대한 심각한 위협으로 인식하였을 뿐 아니라 세계전략과 국익에 대한 중요한 테스트로 간주하였다. 푸에블로호 피납 소식을 접한 미국 존슨 행정부는 처음에는 소련이 베트남 전쟁의 혼란기를 틈타 북

---

1 푸에블로호는 미국 해군이 첩보 수집용으로 활용했던 함정이었다. 당시 푸에블로호 함장은 해군 중령 로이드 피트 부처(Lloyd Pete Bucher)였으며, 푸에블로호에는 장교 6명 포함해 81명의 군인, 그리고 민간해양학자 2명 등 총 83명이 탑승하고 있었다. 푸에블로호는 1968년 1월 11일, 북한과 소련의 전자정보 수집 임무를 위해 일본 사세보(Sasebo) 항구를 떠나 동해로 향했다. 하지만 1월 23일 원산 앞바다에서 북한 영해를 침범했다는 이유로 북한해군에게 나포되었다. 나포 당시 1명이 사망했고 4명이 부상당했다. 정성윤, "1968년 북한의 푸에블로호 나포 원인에 대한 연구," 『국제정치연구』 제11집 2호(2008), 247-248쪽.

한을 배후 조정해 푸에블로호를 나포했을 것이라 간주했다.[2] 즉, 미국은 푸에블로호 피납 사건을 북한의 독자적 판단에 따른 단독 행위가 아니라, 전 세계 공산주의권의 치밀한 음모와 협력의 결과로 판단했다.[3]

하지만 미국 정보기관들의 분석과 소련의 적극적인 해명으로 인해 소련 이 배후에 있다는 초기 가설은 폐기되었고, 오히려 이후 미국은 사태 해결을 위해 소련의 도움을 요청하였다. 이후 미국은 북한의 독자적 행동을 전제로 대응책을 마련하였다.[4] 당시 미국의 주요 정책결정자들 대부분은 케네디 행정부 시절의 쿠바 미사일 사건에 대한 위기관리를 통해 공통된 학습경험을 소유하고 있었고 투철한 반공 의식 또한 공유하고 있었다. 따라서 사건 발발 직 후 미국은 북한에 대한 강경한 무력 보복 조치를 적극적으로 검토하였다. 사건 초기 미국 존슨 대통령도 미국의 대안에는"무력으로 북한을 강력히 응징하는 방안이 반드시 포함되어야 한다"고 강조했다.

사건 초기 미국 행정부의 대응 전략은 무력 증강과 외교적 해법을 동시에 모색하는 것으로 좁혀졌다.[5] 당시 국방부와 합동참모본부, 그리고 CIA는 한반도 주

---

2 Mitchell B. Lerner, *The Pueblo Incident: A Spy Ship and the Failure of American Foreign Policy*(Kansas: University of Kansas, 2002), pp.32-59쪽.

3 "Soviet Policy Toward North Korea and the Pueblo Incident," Pueblo Crisis 1968 vol 12, National Security File, 1968. 1. 24, Box 32, LBJ Presidential Library.

4 1968년 4월 모스크바 주재 북한 대사와 소련 수상 알렉세이 코시긴(Alexei Kosygin)과의 면담 내용을 보면, 푸에블로호는 북한의 단독 행위가 분명하다. 「RECORD OF CONVERSATION BETWEEN CHAIRMAN OF THE COUNCIL OF MINISTERS OF THE USSR ALEKSEI KOSYGIN AND NORTH KOREAN AMBASSADOR IN THE USSR JEONG DU-HWAN」, 윌슨 센터(Wilson Center)의 디지털 아카이브〈https://digitalarchive.wilsoncenter.org/document/110508〉. 아울러 동 아카이브의 다른 자료를 보면 북한의 단독 행위에 대한 소련의 인식을 확인할 수 있다. 당시 동독 대사도 소련은 김일성의 행동에 상당히 놀랐으며, 이로 인한 사태의 악화는 전혀 소련 측도 예상하지 못하였다고 말하였다.

5 사건 발발 3일 후 주미 한국 대사는 한국의 외무부 대사에게 비밀 암호전보를 타전한다.

변에 군사력을 신속하게 증강할 필요가 있음을 강조했다. 국무부는 기본적으로 유엔과 소련의 도움을 통한 외교적 해법을 주장했지만, 외교적 방법의 효과를 촉진하기 위한 제한적 수준의 군사적 압박에는 찬성했다. 그 결과 존슨 행정부는 사건 발발 3일 만에 실질적인 군사적 대응 조치로 아래 〈표 1〉과 같이 5가지 방안들을 고려한다.

〈표 1〉 사건 초기 미국의 군사적 대응 계획

합동참모본부의 군사적 대안(1968년 1월 25일)
1. 원산항에 수뢰를 설치
2. 다른 북한의 주요 항구 2-3곳에 수뢰를 설치
3. 북한 영해에서 모든 선박의 항해를 금지
4. 함포나 항공기 폭격을 동원하여 북한의 주요 목표 중 한 곳을 타격
5. 해군과 공군의 엄호하에 푸에블로호의 임무를 다른 정보수집함으로 대체

미국은 이러한 군사적 대응을 지원하기 위해 해군과 공군력 강화를 중심으로 신속한 무력 증강 조치를 전개하였다. 미 해군은 1월 26일, 구체적 조치로 3개의 항공모함 함대를 중심으로 3단계 공격 옵션인 '포메이션 스타(Formation Star)'계획에 착수했다. 미 공군 또한 '컴뱃 폭스(Operation Combat Fox)'라는 작전명하에, 1월 26일부터 2월 7일까지 총 395기의 전투기와 전폭기를 한국에 추가 배치했으며, 실제 당시 이들 전투기 중 일부는 중무장을 한 채 같은 기간 308차례 한반도 상공을 선회하며 북한에 대한 실제 무력 시위를 했다.[6]

이 전문에는 미국이 푸에블로호 피납 사건을 '화전양면체제'를 갖추어 해결하고자 하며, 유엔안보리를 통한 문제 해결이 어려워 질 경우 '모종의 실력 행사'가 취해질 것으로 판단하였다. '전문 문서번호' USW-01203, Manuscript collection in the Dwight D. Eisenhower Library relation to Korea, V 10: EEisenhower D. Papers, Post-Presidential, 1961-1969, 대한민국 국회도서관

6 정성윤, "미국의 무력강압 실패에 대한 연구: 1968년 푸에블로호 나포사건을 중심으로"

미국은 강력한 군사적 압박과 더불어 다양한 외교적 압박 조치도 동시에 추진했다. 당시 미국 국무부는 북한과의 협상력을 높이기 위해 소련의 중재력을 적극 활용하고자 노력했다.[7] 특히 2월 초 이후 북한과의 비공개 회담이 진행되는 동안 존슨 대통령은 소련의 코시긴(Alexei Kosygin) 수상과 친서를 주고받으며 외교적으로 문제를 해결하겠다는 자신의 강력한 의지를 전달하기도 하였다. 또한 미국은 UN안전보장이사회, 국제사법재판소, 국제 적십자 등 국제기구를 적극 활용하였다. 아울러 스위스, 스웨덴, 체코, 폴란드, 헝가리 등 중립국 및 공산권 국가들과 접촉하는 등 다양한 외교적 노력도 진행하였다.[8]

하지만 북한은 미국의 대응에 강력히 저항하였다. 북한은 사건 발발 4일 만에 처음으로 사건 관련 정부성명을 발표했다. 성명에서 북한 당국은 이 사건을 "조선정전협정에 대한 새로운 란폭한 유린이며 …… 공화국을 반대하는 로골적인 침략이며 …… 새로운 전쟁을 일으키려는 미제의 계획적 책동의 일환이며 …… 극동과 세계평화에 대한 엄중한 위협"[9]이라고 규정했다. 이후 북한은 승무원들의 자백 내용을 근거로 미국 측의 공식적인 사과와 첩보 행위의 시인, 그리고 유사 사건의 재발 방지를 미 정부에게 강력히 요구했다. 아울러 북한은 미국이 이

『국제정치논총』 54권 2호(2014), 157-160쪽.

7 미국은 사건 다음날 소련에 "미국의 입장과 강력한 항의를 북한에게 전달"해 줄 것을 요청하였다. 하지만 소련은 양국 간 중재자 역할(intermediary)을 거부하고 미국이 적극적으로 북한과 대화해야 한다고 강조했다. "Telegram from the Department of State to the Embassy in the Soviet Union," January 23, 1968, *Foreign Relations of the United States, Vol. XXIX, Part 1 Korea*(Washington: United States Government Printing Office, 2000), 459쪽. 이후 *FRUS* 라고 축약 명기한다.

8 "USS Pueblo and North Korean Infiltration into South Korea," Pueblo Crisis vol 21, National Security File, 1968. 1.31, Box 37, LBJ Presidential Library.

9 사회과학출판사, 『조선민주주의인민공화국 대외관계사 2』 63쪽; 이신재, 『푸에블로호 사건이 북한의 대미 인식과 협상전략에 미친 영향』(북한대학원대학교 박사학위논문, 2013년), 80쪽.

와 같은 조치를 취하지 않을 경우, 향후 미국의 어떠한 요구에도 응하지 않을 것임을 강조하였다.

당시 김일성은 한반도 인근에 증파된 미 해군과 공군의 무력 시위에도 불구하고 전쟁 불사의 태도를 공식적으로 천명하기까지 하였다.[10] 이에 미국은 핵전쟁을 포함한 강경 대응 가능성을 고려하는 등, 존슨 행정부의 정책결정자들 뿐만 아니라 의회의 정치가들과 미국 국민들까지도 북한에 대한 강력한 무력적 대응을 주문하기에 이르렀다. 이와 같이 사건 초기 국면에 미국과 북한이 상호 강경한 태도로 대응하면서 상황은 상당히 긴박하게 전개되었다.

하지만 당시 미국 정부는 북한에 대한 강경 대응과 별개로 내부적으로 외교적 노력을 통한 해결책 또한 적극적으로 모색하고 있었다. 미국 정부는 사건 발발 3일 뒤 사건 전담 기구로 국무부·국방부·CIA 등이 공동으로 참여하는 '코리아 워킹 그룹(Korea Working Group)'을 구성한다. 코리아 워킹 그룹은 군사적·외교적 대안들 포함해 다양한 해결책을 목적, 실현 가능성, 위험성, 북한의 예상 반응에 따라 구분하고 평가하였다. 그 결과 미국이 고려하고 있는 군사적 대응책들 대부분의 실현 가능성이 낮을 뿐 아니라 결과에 따른 부작용과 역효과가 예상된다는 결론에 이르렀다.[11]

무엇보다도 존슨 대통령뿐만 아니라 행정부의 주요 정책결정자들 대부분은 북한에 대한 군사적 강압만으로는 승무원의 생환을 보장할 수 없다는 공감대를 형성했다. 결국 딘 러스크(Dean Rusk) 국무장관을 비롯한 국무부 출신들의 외교적

---

10 실제 북미 간 비공개 협상이 진행되고 있었던 2월 8일, 김일성은 인민군 창설 20주년 기념 연설에서 "미 제국주의자들의 《보복》에는 보복으로, 전면전쟁에는 전면전쟁으로 대답할 것"이라며 호전적 자세를 굽히지 않았다. 『로동신문』, 1968년 2월 9일.

11 정성윤 (2014), 160-167쪽.

해결 우선주의에 국방부가 점차 동의하면서, 미국 백악관 내의 분위기는 외교를 통해 사건을 해결하는 방향으로 점차 굳어졌다.[12]

사실 미국의 이러한 정책 방향 결정 과정에는 당시 악화되고 있었던 베트남 전쟁 요인이 중요하게 고려되었다. 즉 존슨 행정부는 베트남의 전황과 미국 국내의 반전 여론 등을 감안할 때 미국이 동시에 두 개의 전선을 수행할 전략적·정치적 환경이 열악하다고 판단했다. 이러한 점을 고려해 미 정부는 사건 발발 6일 만인 1월 29일, 아래 표와 같이 세 가지 정책 목표를 재설정하고 외교적 방법을 통한 문제 해결에 집중한다.

〈표 2〉 미국의 정책목표13

미국의 푸에블로호 피납사건 해결을 위한 정책 목표(1월 29일)
1. 생존 승무원들을 조기에 송환한다. 2. 한국 정부를 진정시킨다. 3. 한반도에서 대규모 군사충돌을 방지한다.

미국 정부는 사건의 외교적 해결을 위해 우선 소련의 도움을 요청하고 UN을 통해 북한을 외교적으로 압박했다.[14] 북한은 UN의 헝가리 대표를 통하여 판문점에서 미국과의 협상에 응할 용의가 있음을 미국 측에 전달했다. 북한의 제안에

12 당시 군 일각에서는 적극적인 군사적 압박이 북한과의 확전을 야기할 가능성이 있고, 당시 북한의 공격에 한국과 미국의 방어적 취약성이 높다고 판단했다. 상당수 미 병력이 베트남전에 주둔하고 있는 상황에서 미국이 대규모 지상군을 한국으로 이동시키기 힘든 상황이었다.

13 "Report on the Meeting of the Advisory Group," 1968. 2.1, National Security File, Box 10, LBJ Presidential Library.

14 당시 소련은 미국의 한반도 주변 무력증강으로 자칫 동북아지역의 군사력 균형이 붕괴되지 않을까 우려하였다. 소련은 사건 초기 코시긴 수상의 친서를 존슨 대통령에게 전하는 등 상황의 악화를 예방하기 위해 노력했다. "Special Situation Report," Pueblo Crisis 1968, 1968. 2.1, National Security File, Box 29, LBJ Presidential Library.

대해 당시 미국은 판문점에서의 군사정전위원회 회담을 통해 승무원들을 조기에 송환받을 수 있다고 판단했다. 그리고 미국은 북한과의 판문점 회담을 시작으로 북한과의 직접 협상을 통해 사건을 해결하는 것으로 정책 방향을 설정했다.

미국과 북한의 회담은 사건 발발 10일만인 2월 2일 판문점에서 시작되었다.[15] 양국은 먼저 구체적인 안건을 논의하기 전에 5차례 예비회담을 진행했다. 특히 2월 5일 개최된 제3차 회담은 미·북 관계에 중요한 이정표를 남겼다. 당시 박중국 북한 측 대표는 '이 회담을 북한(DPRK)과 미국(USA)간의 문제를 다루는 것으로 이해해도 되는가'라고 미국 측 대표인 스미스(Smith) 장군에게 물었다. 이는 당시 북한이 당시 미·북 회담을 외견상 '정부 대 정부'의 협상으로 공식화하려는 의도가 있었음을 의미한다.[16] 북한 대표의 이러한 질문에 당시 스미스 장군은 자신은 푸에블로호 사건을 다루는 미국 정부의 전권을 가진 대표라고 답변했다.[17]

사실 북한은 이 사건 이전에 단 한 번도 미국으로부터 정식 국가로 인정받지 못하였다. 1948년 12월 유엔이 한반도의 유일한 합법정부로 남한을 인정하였기 때문에, 국제법적으로 국제사회에서는 '불법국가'였던 셈이다. 따라서 북한은 이러한 처지 때문에 1968년까지 올림픽 참가도 하지 못했으며 영문 국호로는 DPRK가 아닌 North Korea로 불려야 했다. 북한은 미국과의 예비회담에서 회담

15 푸에블로호 피납사건 이후 미·북간 첫 번째 접촉은 1월 24일 개최된 제261차 군사정전위원회 본회의에서였다. 이 회의는 원래 푸에블로호 사건 때문에 열린 것은 아니었다. 1.21 청와대 습격사건을 논의하기 위해 유엔사측에서 개최를 제의한 것이었다. 하지만 이 자리에서 유엔사측 대표인 스미스 해군 소장과 북한 측 대표인 박중국 소중이 푸에블로호 사건을 둘러싼 설전을 벌인다. 이후 비공개 대화를 원하는 북한이 제안을 미국이 수락하며, 2월 2일 6.25전쟁 이후 처음으로 미·북 간 최초의 단독회담이 진행되었다.

16 "Development beyond the next meeting in Panmunjum," Pueblo Crisis 1968, 1968. 2.2, National Security File, Box 29, LBJ Presidential Library.

17 스미스 장군의 이러한 답변에도 불구하고 당시 미국은 내부적으로 북한과의 회담을 군사정전위원회 수석 대표 간 closed meeting, private meeting 이라고 지칭하였다.

의 성격을 '조선인민군 대(對) 유엔사'간 협상이 아니라, '조선민주주의 인민공화국 대(對) 미합중국'간 정식 회담의 성격을 부여받고자 미리 준비 했던 것이다.[18]

예비회담을 마치고 미·북 양국은 6차부터 25차까지(2월 15일~10월 31일) 치열한 협상을 진행했다. 협상 초기에 북한은 미국이 푸에블로호의 간첩행위를 사과(apology)하고 영해 침범을 인정(admit)함과 동시에 향후 유사 사건의 재발 방지를 보장(assurance)한다면 승무원들의 송환을 검토할 수 있다고 주장했다.[19] 이에 대해 미국은 푸에블로호의 북한 영해 침범 사실을 부인하면서 인도주의에 따라 함정과 승무원들의 조기 송환을 강력히 요구했다.

협상이 장기국면으로 접어들자 먼저 양보 자세를 취한 것은 미국이었다. 시간이 지날수록 미국 내에서 승무원 송환에 대한 요구가 높아지고 있는 상황에서, 존슨 행정부는 가급적 빨리 승무원 송환 문제를 해결해야만 하는 상황이었다. 하지만 미국의 군사적 보복 가능성이 사실상 불가능해진 상황에서 승무원들을 인질로 잡고 있던 북한 정부는 양보를 통해 협상을 빨리 마무리해야 할 필요가 없었다.[20] 결국 미국은 사건 발발 2달이 채 지나지 않은 3월 21일, 제12차 회담부터 북한의 요구를 부분적으로 수용할 수 있다며 북한의 요구 일부를 수용하는 입장

---

18 당시 북한은 미국과의 회담 초기부터 푸에블로호가 유엔군이 아니라 미 해군의 태평양함대에 속하기 때문에, 양국 간 회담은 휴전협정이 아니라 정부 간 차원에서 논의되어야 한다는 명분을 강조했다. 1968년 12월, 미·북 간 타협 이후 미국이 서명한 문건의 서두에는 '조선민주주의인민공화국 정부 앞(To The Government of The Democratic People's Republic of Korea)로 되어 있고, 첫 문장의 시작은 '미합중국 정부(The Government of the United States of America)로 되어 있다.

19 승무원들의 석방 조건과 관련해 북한의 이러한 공식적 요구는 6차 회담에서 처음 제시되었다.

20 북한이 승무원들을 인질로 확보하면서 미국의 협상력 강화는 애초 한계가 있었다. 이런 점에서 푸에블로호 사건은 1969년 4월 발생한 북한의 미 해군 정찰기 EC-121 격추사건과 대비된다. 당시 미국은 북한에 강력한 항의를 했지만, 북한과 협상을 하지는 않았다. 승무원들이 전원 사망했기 때문이다.

으로 전환했다. 즉 푸에블로호가 정보수집 임무를 수행 중이었고, 푸에블로호가 북한의 영해를 침범했을지도 모르는 행위에 대해 미국 정부가 유감을 표할 수 있다는 제안이었다.

하지만 북한은 이러한 미국의 제안을 거부하고 기존 요구의 수용을 미국에게 강력히 요구했다. 북한은 15차 회담부터 자신들이 작성한 사과문 견문을 미국에게 제시하며 미국이 이와 같은 사과와 재발 방지의 확약문서를 제출하면 승무원들은 돌아갈 것이라 제안했다. 이에 미국은 8월 29일 제20차 회담에서, 북한이 제시한 서류에 미국이 일부 내용을 추가하는 소위 덧쓰기(Overwrite Formula) 방식을 제안했다.[21] 하지만 '승무원을 인수'한다는 문구 삽입을 두고 양측이 신경전을 벌이며 최종 타협은 다시 미뤄지게 되었다.

1968년 11월 5일, 미국 대통령 선거에서 공화당 닉슨(Richard Nixon) 후보가 당선되었다. 존슨 행정부는 새로운 정부가 들어서기 전에 푸에블로호 사건을 해결하고 싶어 했다. 결국 12월 17일 개최된 제26차 협상에서 미국의 마지막 제안을 북한이 수용함에 따라, 12월 22일 28차 협상에서 양국은 최종합의를 했다.[22] 다음날 29차 협상장에서 미국은 북한이 준비한 사과문에 서명하였으며 양국의 협상은 공식적으로 종결되었다.

사건 발발 11개월이 지난 12월 23일, 판문점의 돌아오지 않는 다리를 통해 부처(Bucher) 함장 등 생존 승무원 전원이 송환되었다. 승무원들이 인도되는 순간,

21 당시 미국이 이러한 덧쓰기 방식을 주장한 것은 사과문을 승무원 '인수증'으로 변질시키기 위한 의도였다. 미국은 1963년 5월 17일 OH-23헬기의 북한 착륙사건 이루 1년만인 1964년 5월 16일 2명의 조종사들을 송환받을 때 이 방식을 활용한 바가 있었다.

22 그해 11월말 미국 국무부는 2개의 최종 협상안을 마련한다. 덧쓰기(overwrite) 방안과 '서명 전 부인' 방식이었다. 두 번째 방식은 서명 전에 미국이 북한의 쓴 사과 문건의 내용을 부인하는 성명은 발표하지만, 승무원 송환이라는 인도주의적 이유 때문에 서명은 문건에 한다는 취지의 방식이었다. 북한 대표는 미국이 제안한 위 2가지 방식 중 후자를 최종 타협안으로 수용하였다.

미국은 북한의 요구사항을 문서를 통하여 시인하고 수용하는 행위가 나포사건에 대한 북한의 주장을 인정하는 의미가 아니라는 성명을 발표하였다. 한반도를 전쟁으로 이끌 수도 있었던 미·북간 위기상황은 이렇게 막을 내리게 되었다.

2. 외교사적 시사점

푸에블로호 피납 사건은 미국 해군 역사상 가장 치욕적인 사건 중 하나로 평가된다. 이 사건은 1807년 영국 해군이 미국의 체사피크호(The USS Chesapeake)호를 나포한 이후 161년 만에 발생한 미 해군 함정 피납사건이었다. 무엇보다 초강대국 미국의 입장에서 볼 때, 이 사건은 적대적 약소국에게 자국 함정의 불법성을 사실상 인정하며 공식 마무리되었기 때문에 미국 자신에게 사건의 상징성은 더욱 컸다.

이 사건은 북한에게도 적지 않은 파급효과를 야기했다. 우선 북한은 푸에블로호 사건을 자신들의 외교적 승리로 자축하였다.[23] 푸에블로호 피납사건은 1990년대에 북한에서 북한의 선전과 선동에 적극적으로 활용되었다.[24] 북한은 원산항에 보관되어 있던 함정을 대동강으로 옮겨와 미국에 대한 항전의 기념으로 전시하였다. 특히 김정일 정권은 사건을 소재로 하는 영화와 소설 등 문학작품을 제작해, 한 세대 이전의 사건을 적극적으로 소환해 국내정치에 활용하기도 했다.

---

23 1970년 1월 26일 노동신문에는 사건 2주년을 기념하며 "미제와 일본군국주의자들은 수치스러운 참패에서 교훈을 찾아야 한다."는 글이 게재되기도 하였다. 『로동신문』 1970년 1월 26일.

24 북한은 1995년 사건 27년만에 미국 CNN기자에게 당시 원산항에서 '반미 학습관'으로 활용하고 있던 푸에블로호의 내부를 공개했다. 그리고 김정일은 1998년 푸에블로호를 대동강변으로 옮길 것을 지시했다. 대동강은 1866년 미국 상선 제네럴 셔먼호가 불탔던 곳이다. 2013년 푸에블로호는 평양 보통강으로 옮겨져 대미 항쟁의 승전 기념물로 활용되고 있다.

당시 김정일은 아버지 김일성이 일제 강점기 시절 '보천보 전투'와 6.25 전쟁을 지휘했던 것에 비교해 괄목할 만한 반제국주의 항쟁의 기록이 없었다. 하지만 김정일의 나이 26세에 발발했던 푸에블로호 사건은 김정일 자신의 업적으로 활용할 수 있는 매력적인 선전 소재였을 것이다.[25] 아울러 90년대 북핵 문제 등 미국과의 협상이 진행되며 가끔 푸에블로호의 반환을 요구하는 미국의 입장을 고려하며, 이 사건을 미국과의 협상에서 유용한 전술적 수단으로 활용하기도 했다.[26]

푸에블로호 피납 사건은 그 해결 과정에 중요한 국제·국내 정치적 환경이 작동하였다. 또한 직접 당사국인 미국과 북한뿐 아니라 한국 입장에서도 외교안보사적 차원의 중요한 파급효과를 야기했다. 무엇보다 사건의 파장은 반세기가 지난 오늘날에도 한반도 안보환경과 미·북 관계에 고스란히 남아 있다. 푸에블로호 피납사건에서 확인할 수 있는 중요한 정책적·학문적 시사점을 대별하면 다음과 같다.

첫째, 푸에블로호 사건은 미·북 관계에 중대한 영향을 미쳤다. 푸에블로호 사건은 당시 최강대국 미국과 약소국 북한 간의 외교·군사적 대립이었다. 하지만 두 국가 간 막대한 비대칭적 국력 차이에도 불구하고, 사건은 북한의 요구를 미국이 대체로 수용하는 방식으로 마무리 되었다. 북한은 미국과의 장기 협상을 통해 미국의 외교적 전통에 대한 전략적 인식을 형성했을 뿐 아니라, 소위 벼랑끝

25 실제로 김정일은 1998년 12월 초 반미(反美) 교양 교육 강화를 위해 대동강변의 위치까지 지정해주며 푸에블로호의 전시에 큰 관심을 가졌다. 『로동신문』 1999년 10월 8일. 아울러 2008년 2월 3일자 『로동신문』은 "선군정치사의갈피에 빛나는 불멸의 군사적 업적"이라는 기사를 통해 푸에블로호 사건을 김정일의 업적으로 선전하기도 하였다. 이상 이신재(2013) 3-5쪽에서 재인용

26 이신재(2013), 152-156쪽.

외교 등으로 대표되는 북한 고유의 대미협상 방식을 체득했을 것으로 평가할 수 있다.

둘째, 푸에블로호 피납 사건은 국가의 위기관리(crisis management)에 대한 중요한 연구사례이다. 푸에블로호 사건으로 한반도는 6.25 전쟁 정전 이후 또 다시 전쟁 발발의 위기로 진입했다. 당시 미국은 강경한 협상 태도를 보이는 북한뿐 아니라 북한에 대한 보복을 요구했던 한국 정부까지 동시에 상대하면서, 한반도에서 무력충돌 발생을 막아야만 했다. 따라서 본 연구는 강대국이 어떻게 군사적 위기를 관리하는가에 대한 의미 있는 사례라고 볼 수 있다.

셋째, 푸에블로호 피납 사건은 중요한 외교정책결정과정(decision making process)사례이기도 하다. 비밀문서에서 해제된 미국과 소련의 문서를 통해 당시 존슨 행정부 내부에서 정책이 논의되고 결정되는 상황을 상세히 확인할 수 있다. 아울러 당시 한국 정부가 작성했던 문서들을 통해 박정희 정부가 상황을 어떻게 인식하고 있었으며, 미국과의 협상을 어떠한 자세로 대응했는지에 대해 소상히 확인할 수 있다. 이러한 1차 문헌들은 국가 위기 시 국가가 가설을 설정하고 대안을 작성했던 과정을 내밀하게 바라볼 수 있도록 도움을 준다.

넷째, 푸에블로호 피납 사건은 국제협상(international bargaining) 분야의 중요한 사례임이 분명하다. 푸에블로호 사건은 한반도 정전체제에서 진행된 미국과 북한의 첫 번째 국가 간 협상 사례이다. 동시에 본 사건은 공동의 안보 위기에 직면한 동맹국 간 협상에 대한 중요한 사례이기도 하다. 아울러 본 사건을 통해 지역의 위기고조(crisis escalation)를 회피하고자 했던 냉전 시기 미·소 양국이 어떻게 협력을 수행했는지를 확인할 수 있다.[27] 즉 푸에블로호 피납 사건은 적대국간·동맹

27 사건 초기 미 해군의 동해안 무력증강에 대응해 소련도 해군력을 대대적으로 동원했다. 하지만 좁은 동해안에 항공모함 등 양국의 대대적인 해군력이 동원되었음에도 불구하고, 양국은 이로

국간·경쟁 강대국 간의 세가지 협상이 동시에 진행되었던 국제정치 분야의 드문 사례라고 볼 수 있다.

다섯째, 푸에블로호 피납 사건은 동맹연구(alliance study)의 중요사례이다. 사건 당시 한국과 미국은 서로 다른 대응 방식을 고려한다. 미국은 북한에 대한 강력한 응징을 요구하는 박정희 정권을 진정시킴과 동시에 한국이 이 사건을 이유로 베트남 파병을 철회하지 않도록 노력했다. 결론적으로 미국은 한국에 대한 더 강력한 안보 공약(security commitment)을 제공하고 한국은 이러한 미국의 취약성을 국방력 강화에 전략적으로 활용했다. 이러한 점을 주목해 본 사건은 강대국-약소국 간 비대칭적 동맹국 관계에서 약소 동맹국의 전략적 입지가 어떻게 결정되고, 강대 동맹국이 약소 동맹국을 정책적으로 저지하기 위해 어떠한 노력을 하는지에 관한 소중한 연구 사례로 평가할 수 있다.

여섯째, 푸에블로호 피납 사건은 국제안보 연구 분야에서 소위 강압전략(coercion strategy)에 대한 중요한 연구사례로 평가받고 있다. 사건 당시 미국은 막강한 군사력을 동원해 북한을 강압했다. 북한이 미국과의 직접 협상을 선택한 이유가 미국의 대북 강압전략의 효과인지는 여전히 불분명하다. 하지만 본 사건은 적대 국가의 인식, 태도, 정책을 전환하거나 철회시키기 위해 강대국이 선택하는 강압의 필요성과 유효성 평가와 관련한 중요한 함의를 제시한다. 특히 북핵 문제와 관련해 미·북 간 비핵화 협상 과정에서 북한에 대한 미국과 한미동맹의 대북 강압의 전략적 평가에도 중요한 시사점을 제공한다.

인한 우발적 충돌이나 확전의 가능성에 극도로 신중했다. 당시 한국 주미 대사가 2월 28일 외부무 장관에게 보낸 전문을 보면, 1월 31일 동해안에서 미소 양국의 해군 함정 간 물리적 충돌이 있었음에도 불구하고 양국은 이의 보도를 통제하고 과잉 대응을 상호 자제한 것으로 보인다. 「1.21 무장공비침투 및 Pueblo 납북사건, 1968-1969」 전8권, 1969, 분류번호: 729.55 1968-1969 V.2, 판문점 회담, 등록번호: 2663. 외교사료관.

Ⅲ. 한미 협상의 배경과 중요 쟁점

1. 한미 협상의 배경

가. 한반도 안보 상황

혹자들은 1966년부터 68년까지의 3년을 '제2의 한국전쟁' 기간이라고 부른다. 이 기간 북한은 전례 없는 군사적 도발 행위를 감행했다. 1967년 북한의 정전협정 위반 행위는 1966년의 50건에서 543건으로 크게 증가했다. 특히 1966년 11월 초 미국 존슨 대통령이 방한 시에도 휴전선에서 북한군의 공격이 있었다. 1967년 한 해 동안 북한은 영해 밖에서 조업 중이던 한국의 어선 40여 척을 나포했다. 그리고 북한은 1967년 9월에 6·25 전쟁 이후 처음으로 군사 분계선 남방에 접한 한국군 7사단을 향해 포병 공격을 가하기도 하였다. 1968년 1월 1일부터 1월 25일까지 북한군은 무려 40건이 넘는 군사적 도발을 감행하였다.[28] 특히 1968년 10월에는 6.25 전쟁 휴전 이후 최대규모의 북한 도발인 울진·삼척 무장 공비 침투사건이 발발하기도 하였다.[29]

---

28 1967년 이후 급증한 북한의 도발 원인과 관련해 1966년 10월 개최되었던 북한의 제2차 조선로동당대표자회의를 주목하는 연구가 있다. 당시 회의에서 김일성은 '조속한 조국 통일'과 '베트남 전쟁의 지원'을 언급한 바 있다. 김일성의 연설 이후 북한의 대남공세 및 도발이 급격히 강화되는 상황 속에서 푸에블로호 피납 사건이 발발했다. 이러한 주장과 관련해서는 다음 연구를 참조하기 바란다. 조진구, "베트남 전쟁과 북한의 남조선 혁명론: 1964-1968," 『아세아연구』 제46권 제5호(2003)

29 1968년 10월 30일부터 11월 2일까지 3차례에 걸쳐 북한의 무장 공비 120명이 울진·삼척 지역에 침투하여 12월 28일 대한민국 국군에 소탕되기까지 약 2개월간 게릴라전을 벌였다. 당시 침투한 무장공비 중 7명이 생포되고 113명이 사살되었으며, 남한 측 역시 민간인을 포함하여 40명이상 사망하고 30명 이상 부상하는 등의 피해가 발생했다.

〈표 3〉 비무장지대 UN군-북한군 무력충돌 현황(1964년~1968년)

	1964	1965	1966	1967	1968
무력충돌 사건 빈도	32	42	37	435	542
북한 측 사망자 수	-	34	45	228	-
포획된 북한군 수	-	51	19	57	-
UN군 사망자 수	-	40	39	121	-
UN군 부상자 수	-	49	26	294	-
한국 경찰/민간인 사망자 수	-	19	4	22	-
한국 부상자 수	-	13	5	53	-

출처: DIA point paper, Lt. Comdr. J. Clay, 7 June 1968, folder "Korea 1 May 1968-30 April 1969 091," Records of Chairman (Gen.) Earle Wheeler 1967-1970, Box 29, RG 218, NARA.

위 〈표 3〉을 보면 푸에블로호 피납 사건 발발 직전 1년 동안 비무장지대에서 벌어진 무력충돌 빈도가 그 이전에 비해 월등히 높음을 알 수 있다. 특히 양측 사상자 수의 급격한 증가는 이 당시 한반도에서의 안보 불안 상태를 단적으로 보여준다. 당시 미국 CIA는 북한이 한국이나 미국의 요인 암살을 계획 중이라고 전망하기도 했다. 1967년 7월 한국을 방문하는 험프리 미 부통령을 지원하기 위해 작성된 CIA의 이 메모는, 북한이 박정희 대통령을 암살하려 할 뿐 아니라 이를 위해서 특수 부대를 급파할 것이라고 예상했다. 이는 얼마 지나지 않아 1968년 1월 21일 북한 특수 부대원들의 청와대 습격사건으로 현실화되었다.[30]

푸에블로호 피납 4개월 전인 1967년 9월, 미국의 '특별국가정보평가(SNIE: Special National Intelligence Estimate)[31]를 보면, 당시 미국이 한반도 상황과 북한 도발의 동기를 어떻게 파악하고 있었는지 확인할 수 있다. 그 주요 내용은 다음과 같

30 "Security Conditions in South Korea," 23 June 1967, *FRUS*, 258-295쪽

31 SNIE(Special National Intelligence Estimate)는 특별한 문제에 관하여 모든 정보기관들의 다양한 의견과 분석을 반영한 것으로, 최고 정책결정자 그룹들의 정책 결정을 돕기 위해 작성하는 것이다.

이 5가지이다.[32]

1. 북한은 여전히 한반도를 공산국으로 통일하려는 의지를 포기하지 않고 있다. 북한이 남한 내의 혁명을 조장하려 했으나 이는 좌절되었다. 평양이 남한에 보내졌던 수많은 정치적 선동가들과 간첩들의 행위는 대부분 실패로 끝났다.
2. 남한 내의 혁명에 대한 북한의 희망은 사라졌다…… 박정희 정권은 집권 후 민심을 획득하는데 성공하고 있었으며, 이 정부를 뒤엎고 좀 더 진보적인 정부를 수립할 가능성은 현재로선 불가능한 일인 것 같다.
3. 북한의 경제가 정체 상태에 접어든 반면 남한의 경제는 이제 막 성장궤도에 접어들었다. 1960년대 초반 소련의 원조가 중단되고 막대한 군사비 지출로 인하여,…… 북한의 7년 계획은 좌절되었고…… 북한이 경제적 성과로 남한을 자극하려 했던 기회는 사라져 버렸다.
4. 한국은 베트남에…… 약속대로 50,000명 이상 파병했다. 한국의 엘리트들은 이 조치가 국제사회에서 그들의 위상을 제고하는데 도움이 된다고 생각한다. 반면 북한은 군사 도발로 남한이 사이공에 대한 군사 지원을 재고하게 만들 수도 있을 것이다.
5. 한국에 대한 미국의 지원은 한국이 북한의 정치적·군사적 압력에 대처하는데 있어서 거의 절대적 사항이다. 북한은 미국의 지원을 약화시키기 위한 환경을 조장하고자 노력하고 있다.

1960년대 중후반 북한의 대남 도발이 급격히 증가하고 60년대 후반 북한이 미국에 대한 강경한 반제국주의적 성향을 드러낸 이유는 분명하지 않다. 하지만 60년대 북한의 대내외 상황에서 당시 북한의 전략적 인식과 의도를 짐작할 수 있다. 북한은 전후 피폐화된 국가를 단기간 재건했다. 1957년부터 1962년까지 북한 경제는 약 70% 성장했다. 김일성은 국가재건에 대한 자신감을 바탕으로 60년

32 "North Korea Intentions and Capabilities with Respect to South Korea," Special National Intelligence Estimate 14.2-67, 1967. 9.21, National Security File, Box 5, LBJ Presidential Library.

대 ‘남조선 혁명’을 통한 조속한 통일을 강조하고 대남정책에 있어 군사적 모험주의를 점차 강화하였다.[33]

1960년대 중반 이후 북한이 직면한 대외 환경도 북한의 정책에 영향을 미쳤을 것이다. 북한은 베트남 전쟁을 수행하는 미국과 파병을 결정한 남한에 대해 일종의 피포위 의식을 느꼈을 가능성이 있다. 특히 1965년에 발발했던 소위 『인도네시아 사태』[34]로 당시 세계 3번째로 규모가 컸던 인도네시아 공산당이 몰락했다. 이 사건은 아마도 김일성에게 상당한 위협의식을 야기했을 것이다. 북한은 이러한 상황에서 강경한 반제반미투쟁을 대내외적으로 적극적으로 고조시키기도 하였다. 실례로 북한은 1967년 5·1절 기념식에는 세계 각국에서 80여 국의 대표단으로 초청해 반제국주의 국제연대를 적극적으로 강화하기도 했다.

나. 남북한 군사력 현황

푸에블로호 피납 사건을 전후한 남북한 군사력 현황 또한 추후 한미협상의 주요 배경으로 작용한다. 후술하겠지만 60년대 중후반경 한반도에는 한미동맹을 통해 북한에 대한 군사적 억제가 작동했다. 하지만 재래식 무기 중심의 군사 능력은 북한이 남한에 비해 우위에 있었다. 특히 북한은 상당히 우세한 포병 및 공군력을 구비하고 있었고, 특수전 능력 또한 우월했다. 이로 인해 한국은 북한과의 전면전을 대비한 방어능력의 획기적 개선이 절박한 상황이었다. 한국의 북한

33 북한은 1961년 4차 당대회에서 남한혁명에 의한 통일노선을 공식화하고, 1963년에는 대남관계 부서를 통폐합해 ‘대남총국’을 설치 운영하는 등 공세적인 대남정책을 추진했다. 홍석률, “1968년 풍블로 사건과 남한·북한·미국과 삼각관계,” 『한국사연구』(서울: 2001년), 183-184쪽

34 『인도네시아 사태』는 1965년 9월 30일, 인도네시아의 수카르노(Soekarno) 대통령을 지지하는 소수의 장교들이 친(親)인도네시아의 공산당 부대들을 동원하여 일으킨 쿠데타이다. 하지만 쿠데타는 실패로 끝났고 이후 인도네시아에서 공산당은 불법화되었다. 그리고 이 사건 이후 인도네시아에는 친미정권이 들어서게 되었다.

에 대한 상대적 국방 능력의 약세는 박정희 정부로 하여금 미국에게 좀 더 강력한 군사지원을 요구하는 주요 배경이 되었다. 당시 남북한의 군사력 현황을 상호간 우세와 취약성을 중심으로 정리하면 다음과 같다.

1) 육군력 비교

1968년 북한군의 지상군은 345,000명이었고 이들 병력은 19개의 보병 사단과 탱크 사단, 5개의 보병 여단으로 편재되어 있었다. 이들 대부분은 비무장 지대 근처에 집중적으로 배치되어 있었으며 430대의 탱크, 1400대 이상의 120-mm포와 160-mm포를 갖추고 있었다. 당시 북한의 지상군 전력은 전쟁 발발 시 최소 한 달 이상 전투력을 유지할 수 있는 수준이었다. 이러한 우수한 포병 부대의 존재는 비무장 지대와 가까운 수도권을 방어해야만 하는 한국군과 주한미군에게 큰 근심거리였다.

예를 들면, 북한이 168기나 보유한 122-mm포는 미국이 보유한 수십 기의 175-mm포를 제외하고는 한국이 보유한 모든 포들보다 사정거리가 길었다.[35] 당시 미국은 한국 지상군의 훈련 상태는 비교적 양호했으나 이들이 보유한 군사 장비 대부분이 노후되었고, 특히 한국군의 병참 지원 능력은 북한에 비해 상당히 부족한 상태라고 평가하고 있었다. 미국의 CIA는 한국이 북한에게 치명적인 타격을 입히거나 6개월 이상의 전쟁을 수행하기 위해서는 외부의 병참 지원을 받아야만 한다고 평가하고 있었다.[36]

35 "Intelligence Memo: North Korea's Military Forces," 1968. 2, Box 256, LBJ Presidential Library.

36 "North Korea Intentions and Capabilities with Respect to South Korea," Special National Intelligence Estimate 14.2-67, 1967. 9.21, National Security File, Box 5. LBJ Presidential Library.

2) 공군력 비교

북한의 공군력도 한국 공군보다 전력상 우위에 있었다. 1968년에 북한은 450대의 제트 전투기를 보유하고 있었지만, 한국은 약 200기의 전투기만을 구비하고 있었다.[37] 특히 북한은 당시 최신 기종이었던 MiG-21 피쉬베드(Fishbed)를 꾸준히 도입해 1969년에는 90대 이상을 보유하였다. 또한 8대의 IL-28 Beagle 폭격기 도입으로 북한 공군은 한국의 대도시를 공중 폭격할 수 있는 능력까지 갖추었다. 북한은 높은 수준의 전투기 운용능력 또한 보유하고 있었다. 북한 공군은 65년부터 소련의 도움을 받아 기동 훈련과 해상 침투 적기 격추 훈련, 그리고 적외선 공대공 미사일 발사 훈련 등에 중점을 둔 대규모 공군 훈련을 실시해 실전 작전능력 또한 우수한 상황이었다.[38]

반면 한국의 전투기들은 수적으로도 열세에 있었을 뿐 아니라 6곳의 공군 기지에 집중적으로 몰려 있었기 때문에 북한의 기습공격에 대단히 취약한 실정이었다. 비행기를 보호할 수 있는 방호 시설도 빈약했고 조기 경보 레이다 시설도 북한과 비교해 볼 때 상당한 열세에 있었다. 북한 공군은 중요 시설마다 막강한 화력의 지대공 미사일을 갖추었는데, 1965년 까지 2곳에 불과했던 사정거리 17마일에 달하는 SA-2 지대공 미사일들을 1968년경에는 동해와 서해 양 해안을 따라 약 20여 곳에 추가로 설치하기도 하였다. 미국은 당시 북한의 대공 방어능력이 상당히 강력한 수준이라고 평가했다.[39]

---

37 "The Likelihood of Major Hostilities in Korea," Special National Intelligence Estimate 14.2-68, 1968. 5.16, National Security File, Box 5, LBJ Presidential Library.

38 "Intelligence Memo: North Korea's Military Forces," February 1968, National Security File, Box 256, LBJ Presidential Library.

39 Richard Mobley, *Flash Point North Korea*(Annapolis: Naval Institute Press, 2003), 18-19쪽.

3) 해군력 비교

당시 북한의 해군력은 육군력과 공군력에 비해 제한적인 전투 수행 능력만을 지니고 있었다. 북한의 해군 함정들은 대부분 황파와 같은 조건에서는 운항이 불가능한 상태였다. 아울러 당시 북한은 소련해군이 연안 작전용으로 운용했던 구식 위스키급 잠수함 4척과 소형 코마르(komar) 미사일 보트 4척을 보유하고 있었다. 당시 북한 해군은 동해와 서해 해안을 따라 4곳의 주요 해군 기지와 8곳의 보조 기지를 운용하고 있었고, 그 기지들은 미사일 지원 시설과 해수면과 같은 높이의 터널로 소형 함정들을 지하 독(Dock)으로 연결하는 특별한 시설도 갖추고 있었다.[40] 당시 한국의 해군력 역시 연안 방어 수준의 능력만 갖추고 있었다. 한국 해군은 유사시 북한 해안에서 상륙작전을 펼칠 수 있는 수륙양용 함선을 구비하고 있었지만, 북한과 같이 공격 침투 전술을 운용할 수 있는 잠수함이나 미사일 보트는 단 한 척도 없었다.

4) 주한미군의 군사 대비 상황

60년대 후반 남한 단독 군사력은 북한에 비해 열세였음에 분명했다. 문제는 이를 보완해야만 했던 주한미군의 전력 또한 그리 강력하지 못했다는 점이다. 이 시기 주한 미군은 제2보병과 제7보병의 2개 사단으로 구성되어 있었고, 이 중 7보병사단은 전투사단이 아닌 보병사단이었다. 당시 주한 미군 사령관이었던 본스틸 장군은 UN사령관을 겸하고 있었기 때문에, 유사시 한반도의 미군과 한국군을 통합 지휘할 수 있었다. 본스틸 장군은 한국이 병력 숫자만 많을 뿐, 북한과

40 "Intelligence Memo: North Korea's Military Forces," February 1968. National Security File, box 256, LBJ Presidential Library.

의 전면전을 치루 준비는 전혀 되어 있지 않다고 판단하고 있었다.[41] 이러한 군사력의 격차는 푸에블로호 사건이 터졌을 때 미군의 정책결정자들이 전면전 감수 전략을 고려하는데 정책적 장애 요인으로 작용했을 가능성도 배제할 수 없다.

다. 베트남전과 한국의 파병

한미 간 협상의 또 다른 주요 배경은 베트남전과 관련이 있다. 미국 존슨 행정부는 재임 기간 가장 중요한 동맹 이슈중 한 가지는 바로 한국의 베트남 파병이었다. 존슨 대통령은 1963년 11월 22일 케네디 대통령의 암살로 갑자기 대통령직을 수행하게 되었다. 당시 존슨 대통령의 가장 중요한 대외정책 사안은 바로 베트남전이었다. 존슨 대통령은 베트남의 공산화는 동남아시아 전체의 공산화를 초래한다는 소위 '도미노 이론'을 적극 활용해 소위 베트남전의 '국제화'를 시도했다. 그리고 1964년 5월 초 한국을 비롯한 우방 25개국에게 베트남전 지원을 요청하는 서신을 발송하기도 했다.[42]

하지만 한국을 제외한 대부분 동맹국들은 파병 협조를 주저했다.[43] 1964년 12월 18일, 존슨 대통령은 박정희 대통령에게 친서를 보내 한국 건설지원단의 파병을 요청했다.[44] 이에 박정희 대통령은 비전투부대원 2,000명 파병을 결정한다. 당시

41 Mobley (2003), 8-10쪽.

42 차상철, 『한미동맹 50년』 (서울: 생각의 나무, 2005), 113-115쪽.

43 클리포드(Clark Clifford)는 훗날"한국을 제외하곤 다른 어떤 국가도 이에 응하지 않았다"고 언급하기도 하였다. Clark Clifford and Richard Holbrooke, *Counsel to the President Era* (New York: Random House, 1991) 50쪽.

44 한국군의 베트남 파병은 사실 이보다 훨씬 전인 1961년 11월, 박정희 대통령이 미국을 방문했을 때 케네디 대통령에게 제안한 것이 처음이었다. 그리고 1965년 3월, 미국이 베트남전에 대규모 지상군을 파견하기로 결정했을 당시 미국 행정부 내에서는 한국 전투병의 파병을 염두에 두고 있었다. 홍석률,"1960년대 한미관계와 박정희 군사정권"『역사와 현실』 통권 56호, 한국역사연구회, (2005), 282쪽.

박정희 정부는 파병에 대한 조건으로 미국 정부에게 ①한미주둔군지위협정의 조속한 체결, ②군사원조의 이관 연기, ③미국의 특별원조 제공을 제시했다.

또한 박정희 정부는 한국의 안보 강화를 위해 한미상호방위조약을 북대서양 조약기구(NATO)와 같이 한국이 침략을 당할 경우 미국의 자동적인 군사개입을 보장할 것과 주한미군의 철수는 한국과 충분히 사전협의를 반드시 거칠 것을 요구했다. 이에 미국은 주한미군 감축 문제에 대한 한국의 요구를 수용했다.[45] 한미 양국은 1965년 정상회담을 통해. 한국에 대한 미국의 한층 강화된 안보 공약과 한국의 베트남에 대한 전투 병력 파견을 상호 합의했다.[46] 이에 따라 한국은 1965년에 첫 번째 전투사단을 파견하고, 1967년까지 4만 5천명의 병력과 약 2만 명의 기술 지원단을 파견하였다.

하지만 베트남 상황이 악화되자, 1966년 1월과 2월, 미국 험프리 부통령은 한국을 두 차례나 방문해 한국군의 증파(增派)를 직접 요청했고 한국 정부는 이를 수용했다. 1967년 베트남전황이 악화되자 미국은 그해 7월에 또다시 대통령 특사단을 보내 한국의 추가 파병을 요구했다. 당시 한국 국내 조야와 여론 주도층은 파병에 대해 대체로 긍적적이었다. 따라서 박정희 대통령이 미국의 요구를 수용하는데 정치적인 어려움은 없었다.[47]

---

45 차상철(2005), 118쪽.

46 1965년 한미 정상회담의 주요 합의 내용은 다음과 같다. ①한국에 대한 군사적 침략이 있을 경우, 미국은 한미상호방위조약에 의거 미국은 즉각적인 군사적 개입과 지원을 재확인한다. ②미국은 주한미군을 계속 주둔시키며, 한국의 안보를 위한 충분한 수준의 한국군을 유지하기 위해 군사적 지원을 계속한다. ③미국은 군사원조 이관계획을 매년 한국의 경제 상태에 맞게 재검토한다. ④미국은 한국에 대한 군사·경제 원조는 한일국교 정상화 이후에도 계속한다. ⑤미국은 한국에게 1억 1천만 달러의 개발차관을 조속히 제공한다. ⑥미국은 한국의 국제수지의 개선을 위한 노력에 협력한다. ⑦한미 양국은 한미주둔국 지위협정의 조속한 체결의 필요성에 동의한다.

47 당시 미국 대사관은 한국의 야당 의원들도 베트남 파병을 실질적으로 찬성하는 분위기라는 전문을 본국에 타전한다. 홍석률(2005), 285쪽.

하지만 1967년 중반 이후 한반도 안보상황이 급속히 악화되면서 한국 정부는 당시 미국의 추가 파병 요구를 계속 수용하기 힘든 상황에 직면했다. 1967년 12월 6일, 박정희 대통령은 포터(William Porter) 대사와의 면담에서, 당시 김성은 국방부 장관이 한국의 안보 사정상 더 이상 미국의 파병 요청에 응할 수 없다는 보고서를 자신에게 제출했다는 사실을 솔직하게 언급했다. 그리고 당일 면담에 배석했던 국무총리와 국방부 장관은 포터 대사에게 더 이상의 한국군 파병은 힘들다고 말했다.[48]

하지만 박정희 대통령은 주요 각료들의 반대에도 불구하고 포터 대사에게 "존슨 대통령을 돕고 싶다"고 말하며 추가 파병에 대한 여지를 완전히 닫지는 않았다. 그러나 1968년 1월의 북한의 청와대 기습습격과 푸에블로호 나포 사건으로, 추가 파병 약속을 지키기 힘든 상황이 벌어졌다. 오히려 미국의 베트남에서의 한국군 철수를 염려해야만 하는 상황이 조성되게 된 것이다.[49]

한국의 베트남 파병 결정은 미국이 1963년부터 검토하고 있던 주한미군의 감축을 상당 기간 유보하는데 중요한 요인이 되었다. 이처럼 박정희 정부는 애초 한국군의 베트남 파병을 미국의 주한미군 철수 문제를 비롯해 한국의 안보 강화를 위해 전략적으로 활용했다. 미국 또한 베트남과 지리적으로 멀지 않은 동맹 한국이 파병에 적극적으로 나섬으로써, 베트남전의 국제적 성격 강화와 참전의 대내외적 명분 확보에 유리한 환경을 조성했다. 아울러 양국은 공산주의 세력의

48 "Telegram From the Embassy in Korea to the Department of State"December 6, 1967, *FRUS* 298쪽.

49 이와 같이 미국에게 한국의 파병 필요성이 높아질수록 한미관계는 우호적이었다. 미국이 한국의 파병 결정을 견인하기 위해 각종 지원을 약속하면서 한국의 국익에도 도움이 되었기 때문이다. 하지만 푸에블로호 피납 사건 전후 조성된 한국의 안보 불안 상황은 한미관계에 중대한 도전을 야기했다. 한반도 안보 위기의 고조로 인해 자칫 한국군의 추가 파병이 어려워질 수 있고, 이로 인해 베트남 파병을 촉매로 구축된 한미관계가 영향을 받을 수 있었기 때문이다.

팽창이라는 위협 인식을 철저하게 공유함으로써 적어도 60년대 중후반 한미관계는 밀월(蜜月)의 시대였다고 평가할 수 있다.[50] 두 동맹국의 이러한 안보-안보 협력은 푸에블로호 피납사건 발발 시점까지도 순조롭게 유지되었다.

라. 미국 내 반전여론

푸에블로호 피납사건 직후 전개된 한미 협상에는 미국 국내의 정치적 상황도 중요하게 작동하였다. 전술했다시피 60년대 후반 미국의 외교안보적 관심은 베트남전쟁에 집중되었다. 당시 베트남전으로 인해 미 국내에서는 반전 여론이 상당히 높아지고 있었다. 대통령 선거 재도전 결정 여부를 고심하고 있었던 존슨 대통령에게 당시 높은 반전 여론과 이로 인한 대통령 지지도의 하락은 큰 정치적 난관이었다.[51] 이는 당시 존슨 행정부가 베트남 이외의 지역에서 또 다른 전쟁을 강행할 수 있는 정치적 여유가 없었다는 점을 반증한다.

구체적으로 푸에블로호 피납 일주일 뒤 발발했던 소위 북부 베트남군의 '설날 대공세(Tet offensive)'는 미국의 국내 여론뿐만 아니라 다가오는 대통령 선거의 정치적 지형에 심각한 영향을 주었다. 〈표 4〉의 '설날 대공세'직 후 여론조사를 보면 존슨 대통령의 지지도와 베트남전 지지도는 6개월 전에 비해 모두 20% 내외 하락한 37%와 39%를 기록했다. 1965년 1월 대통령 취임 직후 대통령 지지도는 70%를 상회했지만 1968년 2월경에는 취임 초에 비해 대폭 하락한 37% 초반의

50 홍석률(2005), 282쪽.

51 당시 존슨 대통령은 오랜 세월 동안의 상원의원 경험을 바탕으로 교육의 확대, 빈부격차의 완화, 의료 혜택의 확충, 인권의 제도적 보호와 같은 민주주의의 제도적 도약을 지향하는 소위'위대한 사회'(Great Society) 프로그램을 추진하고 있었다. 하지만 국내정치에서의 괄목한 만한 성과와 대중적 지지에도 불구하고, 나날이 악화되던 베트남 전쟁의 상황은 존슨 대통령의 정치적 입지에 부정적 영향을 미치고 있었다.

지지에 머물렀다. 따라서 난관에 봉착한 베트남전에 대한 출구전략이 마땅히 없는 상태에서, 존슨 행정부가 동북아시아에서 새로운 전선을 감당하기에는 너무나 정치적 부담이 컸던 상황이었다.

〈표 4〉 베트남전 관련 통계와 여론조사 추이

구 분	1965년 1월	1965년 11월	1966년 3월	1967년 2월	1967년 10월	1968년 2월
사망자	·	924명	2,415명	7,419명	13,999명	19,107명
전쟁 지지도	·	64%	59%	52%	44%	42%
대통령 지지도	71%	62%	58%	45%	41%	38%

출처: Thomas S Langston, Lyndon Baines johnson(Washington DC: CQ Press, 2002), 205-206쪽, 250-253쪽 내용을 저자가 재구성함.

마. 미국의 국방·경제 원조

한미 협상의 또 다른 배경은 당시 미국이 한국에게 지원했던 국방과 경제 원조 문제였다. 존슨 행정부는 북한의 고강도 도발로 격앙된 한국 정부를 진정시키고, 단행될지도 모를 베트남 파병부대의 철병 결정을 막기 위해, 박정희 정부에게 원조 계획을 수 차례 제시했다. 이는 당시 박정희 정부가 직면한 도전 상황을 미국이 적절히 활용한 것이라 해석할 수 있다. 60년대 중반 이후 박정희 정부는 2가지 난관에 봉착하고 있었다. 첫째는 미국의 한국에 대한 경제 원조의 감소이며, 두 번째는 미국의 주한 미군 부분 철수를 비롯한 한반도 안보 정책의 변화 가능성이었다.

먼저 건국 이후 60년대 후반까지 한국 경제는 미국의 원조에 절대적으로 의존하던 체제였으나, 이러한 미국의 원조가 60년대 중반 이후 점점 줄어들고 있었다. 실례로 1956년부터 1961년 사이에 미국의 대한국 원조는 매년 평균 2억 3천 2백만 달러 수준이었으나, 1964년의 경제원조 액수는 1억 2천 4백만 달러로 줄어들었다. 경제 원조금액의 절대치 수치가 낮아졌을 뿐 아니라, 미국의 전세계 대상 상대적 원조금액 순위에서도 한국은 점차 뒤로 밀리고 있었다. 경제 재건을 국정의 최우선적 과제로 설정한 한국 정부 입장에서 볼때 미국의 원조 감소는 심각한 전략적 고민이었다.

60년대 들어서 미국의 케네디 행정부와 존슨 행정부는 한국에 대한 방위전략을 새로이 고민하게 된다. 변화의 시작은 미국의 원조정책 부문이었다. 당시 미국 민주당 행정부는 한국이 베트남처럼 희망이 없는 절망의 국가로 나락하기 전에, 한국의 독자적 생존능력을 기름과 동시에 미국의 원조부담을 줄이고자 했다. 그리고 이러한 목표를 달성하기 위한 구체적 전략의 일환으로 한국군 감축과 주한미군의 부분적 철수 문제를 고민하고 있었다.[52]

케네디 행정부시절의 '팔리 보고서'로 시작된 이러한 논의는 당시 미국의 한국의 상황에 대한 인식변화 차원만이 아니라, 미국으로부터 당시 원조를 받고 있던 대만, 파키스탄, 이란, 그리스 및 터키의 상황에 모두 해당되었다. 미국은 이들 국가들이 다양한 안보 위협에 직면하고 있지만 적어도 향후 5년 동안(1963-1968) 점차적인 감축과 변화가 바람직하다는 생각을 가지고 있었다.[53]

당시 미국은 북한의 전력과 미국의 핵 억지력 제공 등을 복합적으로 고려해

---

52 당시 미국은 주한미군의 일부 병력을 재배치함으로써 재정지출의 균형을 되찾는 동시에 우발사태에 대비하기 위한 미국의 전략적 융통성을 증대시키려는 명백한 의도를 가지고 있었으며, 함께 추진하려던 한국군의 감축문제와 상충되는 부분 때문에 국무부와 국방부간의 갈등이 첨예하게 대립하였다. 정수용, 「한국의 베트남전 파병과 한·미 동맹체제의 변화」(고려대학교 대학원 박사학위논문, 2001).

53 Memorandum for the Council Members: Draft NSC Record of Action from Bromley Smith, January 18, 1962, "Guidelines for the Military Aid Program," 한국정신문화연구원 현대사연구소(편) 주제별 문서철, 678쪽.

볼 때, 한국군의 규모가 적정 수준을 넘어서고 있다고 판단하였다. 미국은 만약 한국 정부가 육군 7만명을 감축하면 약 천만 달러의 예산을 절약할 수 있다고 계산했다. 당시 주한미군의 철수 안을 옹호했던 미국 국방부는 한국으로부터 철수한 미군 사단을 필리핀, 하와이, 미 본토의 서부해안 등으로 재배치하는 방안을 구체적으로 검토하기도 했었다.[54] 하지만 미국 국무부의 입장은 달랐다. 특히 국무부는 주한미군의 갑작스러운 감축은 당시 논의되고 있었던 한국군 병력 감축 문제를 방해할 뿐 아니라, 한국의 경제발전과 미국의 방위공약에 대한 일본의 확신을 약화시킬 수도 있다며 주한 미군 감축에 부정적이었다.

이처럼 1960년 중후반 한국에 대한 미국의 군사·경제 원조정책의 변화 가능성은, 푸에블로호 피납 이후 한국과 미국의 협상과정에서 미국의 원조에 대한 한국의 불만과 요구로 이어지며, 한미 협상과정에서 중요한 전략적 환경으로 작동하게 된다. 후술하겠지만 박정희 정부의 북한에 대한 보복 의지를 진정시키고 베트남 파병 철회 가능성을 낮추기 위해, 미국 존슨 행정부는 한국 정부에 대한 군사·경제 원조의 유지 및 확대를 인센티브로 고려하게 된다.

2. 주요 쟁점에 대한 한국의 입장과 반응

가. 한국 정부의 입장

푸에블로호 피납 사건과 관련한 한미협상 과정에서 부각된 주요 쟁점은 크게 4가지였다. 첫 번째는 한국의 단독 보복 가능성과 미국의 우려였다. 두 번째는 1.21 청와대 기습사건과 푸에블로 피납 사건의 연계 대응 문제였다. 세 번째는

54 정수용(2001), 77-96쪽.

미·북 간 직접회담에 대한 한미 간 입장 차이였다. 네 번째는 주한미국 주둔과 한국의 베트남 파병문제 등 동맹 간 안보협력 의제였다. 이들 쟁점에 대한 당시 한국 정부와 조야의 입장을 순차적으로 제시하고 평가하면 다음과 같다.

사건 다음날 박정희 대통령은 곧바로 미국 대사 윌리암 포터(William J. Porter)에게 "북한이 이러한 침략적 책동을 계속한다면, 군사적 대응이 불가피 하다"는 경고와 우려의 말을 전했다. 그리고 한미 연합군이 먼저 북한의 공군비행장을 폭격한 후 동해의 북한 선적 배를 공격하자는 군사적 대응을 제안하였다.[55] 실제 박정희 대통령은 미국과 상의 없이 1월 26일 한국군 1군단에게 완벽한 전시태세를 갖출 것을 명령하였다.[56]

박정희 대통령은 같은 날인 1월 26일 서울에 주둔하고 있는 미국의 주요 언론사 대표들과의 기자회견에서 "미국의 외교적 노력이 빠른 시간 안에 결실을 맺지 못한다면, 미국의 군사적 조치가 반드시 필요하다"고 역설하였다.[57] 박정희 대통령은 다음 주에도 "그 어떠한 침략적 행위도 응징을 피할 수 없다는 교훈을 공산주의자들에게 가르쳐야만 한다"고 공개적으로 언급하며 북한에 대한 강경한 대응 필요성을 계속 주장했다.[58]

이처럼 박정희 대통령과 한국 정부는 군사적 조치를 포함해 북한에 대한 강경

55 미국 내에서 이러한 박정희의 무력 보복에 유일하게 긍정적 반응을 보인 인사는 국가안보보좌관 왈트 로스토우(Walt Rostow)였다. 그는 1월 24일 회의에서 북한의 훈련 기지를 공군력을 동원해 파괴해야 한다는 박정희 대통령의 주장도 고려해야 한다고 주장했다. "Minutes of Meeting," January 24, 1968, *FRUS*, 491쪽.

56 "Telegram From the Embassy in Korea to the Department of State," January 24, 1968, *FRUS* 482쪽.

57 "From American Embassy Seoul to State Department, January 26, 1968, National Security File, Box 10. LBJ Presidential Library,

58 "From American Embassy Seoul to State Department, February, 1968, National Security Council, Boxes 34-35, LBJ Presidential Library,

보복 대응이 필요하다는 입장을 강력히 견지했다. 당시 한국 정부는 만약 미국이 이에 동의하지 않거나 주저한다면 한국 단독으로라도 북한에 대한 보복에 나설 수 밖에 없다고 강조하는 등 상당히 격앙되어 있었다. 박정희 정부가 북한에 대해 단호한 입장을 견지했던 이유는, 당시 한국 정부가 푸에블로호 피납 사건을 1967년 이후 급증하고 있던 북한의 무력 도발 행위의 연장, 특히 피납 사건 불과 이틀 전 발생했던 1.21 청와대 기습사건과 같은 성격으로 평가했기 때문이다.

한미협상의 두 번째 쟁점은 바로 1.21 청와대 기습사건과 푸에블로호 피납 사건의 연계 대응 문제였다. 한국 정부는 푸에블로호 피납 사건과 이 사건 이틀 전 발발했던 1.21 청와대 기습사건을 연계해서 대응해야 한다고 주장했다. 당시 한국 정부의 상황인식과 태도는 사건 발발 초기 정부의 공식 성명을 통해 확인할 수 있다. 1월 25일 외무부 장관 최규하는 「북괴무장침입자 일단의 서울 침입사건과 미국함선 "푸에블로"호 납북사건에 관한 외무부장관성명서」를 발표했다.

성명서에는 피납 사건을 북한 해·공군이 푸에블로호를 동해안 근처 공해상에서 불법적으로 납북한 것으로 규정했다. 그리고 "대한민국 정부는 이를 대한민국 및 극동의 안전에 대한 북괴의 가장 중대한 위협행위"라고 강조했다. 또한 "북괴 무장 침입자 일단의 서울침입은 대한민국의 국가원수와 요인들을 살해하려는 목적이었음이 생포된 자의 증언으로 이미 밝혀진 바와 같으며, 또한 민간인의 교통수단인 버스에 수류탄을 마구 투척하며 양민을 사살하였을 뿐 아니 일반 시민들을 무차별 살해하는 등 가장 중대한 휴전협정 위반행위 및 비인도적이고 야만적인 범죄행위를 감행했다"라고 적시하며, 1.21 청와대 기습사건과 푸에블로호 피납 사건을 같은 성명서에 포함해 발표했다.[59]

---

59 「1.21 무장공비침투 및 Pueblo 납북사건, 1968-1969」 제1권 기본문서철, 1969, 분류번호: 729.55 1968-1969 V.1, 등록번호: 2662. 외교사료관.

한국 정부가 이러한 주장을 한 이유는, 국제사회의 이목이 집중된 푸에블로호 사건을 1.21 청와대 기습사건과 직접 연계함으로써, 북한 무장 공비의 습격에 대한 국제적 주목을 높이고자 하는 의도가 있었을 것으로 판단된다. 아울러 당시 미국이 이 두 사건이 북한의 중대 도발임을 인정하면서도 서로 연계해 대응하려 하지 않고 있는 점에 대한 불만도 작용한 것으로 보인다. 당시 한국의 외무부 장관이 공개적으로 사건을 공개적으로 언급한 것도 미국뿐 아니라 주한 외교대표들까지도 이 두 사건의 연관성을 주의 깊게 다루고 있지 않았던 상황을 고려한 조치였다. 한국 정부는 푸에블로호 사건을 계기로 1.21 사태 등 북한의 호전적 도발 행위의 심각성을 국제사회에 호소하고자 했다. 실제 한국 정부는 1월 26일 전체 재외공관에 훈령을 내려 한국의 입장을 해당 주재국에 설명하도록 하고, 주미대사와 주유엔대사에게도 같은 내용을 재차 강조하기도 했다.[60]

한국의 국회 또한 정부와 일치된 반응을 보였다. 공화당과 신민당의 '10인 중진회의'는 1월 27일 "북괴특공대의 수도 침입 사건과 미함의 불법 납북사건은 여야정치인에게 시간의 여유를 주지 않는 결의와 행동을 요구하는 사태임을 직시하고 정치인, 군, 이 일치단결하여 철통같은 대공(대공)태세를 갖추어야 한다는 데 의견의 일치를 보았다."라는 내용의 공동성명을 발표했다. 특히 이 공동성명 2항에는 "국군의 장비현대화가 시급하므로 미국은 즉각적으로 특별지원 조치를 취할 것을 촉구한다"는 제안도 하였다.[61]

한미협상의 세 번째 쟁점은 미·북 간 직접회담에 대한 한미 간 입장 차이였다.

60 "북괴가 남파한 무장공비사건과 푸에블로호 납치사건에 대한 아국정부의 외교적 조치사항," 「1.21 무장공비침투 및 Pueblo 납북사건, 1968-1969」 제1권 기본문서철, 1968년 1월 30일, 관리번호: BA0084530. 외교사료관.

61 "미국에 군사현대화 촉구," 『동아일보』(1968년 1월 29일).

존슨 대통령은 피납 사건 일주일 뒤인 1월 30일 북한이 제안한 판문점 회담을 수용한다. 당시 한국 국회는 미국의 이러한 결정에 대해 '전 국민의 분노'라고 표현한 결의안을 통과시켰고[62] 정일권 국무총리는 공산주의자들에게 질질 끌지 말 것을 교훈으로 가르쳐야 한다고 역설하며 "미국의 미온적인 태도가 공산주의자들로 하여금 제2의 한국전쟁을 장려하는 꼴을 만들고 있다"고 비난하였다.[63]

박정희 대통령 자신도 판문점에서 미국과 북한이 협상을 개최하는 것에 대해 상당히 부정적이었다. 박정희 대통령은 한국 영토 내에서 한국 정부의 참여 없이 미국과 북한이 직접 회담을 갖는 것은 한국의 '주권'을 침해하는 행위라는 취지의 서한을 미국 측에 전달하기도 했다.[64] 한국 정부는 우선 미국의 밴스(Cyrus R. Vance) 특사가 방한하기 전인 1월 28일, 미국과 북한의 직접 교섭을 반대한다는 공식 입장을 미국 측에게 전달했다.[65] 당시 외무부 장관이 주미 대사관에 보낸 문서를 보면 "푸에블로호 석방을 위하여 1968년 1월 27일 미국이 폴란드 정부를 중계로 북괴측과 간접 접촉중이라는 외신보도가 있었음에 감하여 여사한 접촉은 앞으로 북괴와의 직접적인 접촉으로 발전할 가능성이 있을 것을 우려하여 …… 미국정부와 북괴와의 직접적인 접촉은 그 형태의 여하를 막론하고 반대하는 아국입장을 미국 정부에 강력히 반영시키기 바람"이라고 적시되어 있다.[66]

---

62 "FBI report,"February 6, 1968, National Security Council Histories, Boxes 29-30, LBJ Presidential Library; Washington Post, February 7, 1968.

63 "Telegram from American Embassy Seoul to State Department," February 1, 1968, Boxes 34-35, LBJ Presidential Library.

64 양성철, 문정인, 『한미 안보관계의 재조명: '프에블로 호'사건의 위기 및 동맹관리를 중심으로』, 안병준 편, 『한국과 미국 Ⅰ』(서울: 경남대 출판부, 1988).

65 외교부 미·북2과 「1.21 무장공비 침투 및 Pueblo(푸에블로)호 납북사건」 7권 자료집 1, 외교사료관, 〈http://diplomaticarchives.mofa.go.kr/new/open/view.jsp〉.

66 「1.21 무장공비침투 및 Pueblo 납북사건, 1968-1969」 제1권 기본문서철, 1969, 분류번호: 729.55

네 번째 쟁점은 주한미군과 베트남 파병 문제 등 한미 동맹 간 안보협력 의제에 대한 문제였다. 우선 주한 미군 감축의 문제는 이미 한미 간 1963년 이후 꾸준히 논의되어왔던 사안이었나. 당시 미국 국방장관 멕나마라(Robert McNamara)는 한국에 있던 2개의 보병사단 중 하나를 철수할 것을 존슨 대통령에게 건의하기도 하였다.[67] 주한미군 철수가 미 행정부 내에서 논의되는 상항에서 미국은 가급적 이 문제를 한국과 논의하는 것에 대해 지극히 소극적이었다. 한국 정부의 반발을 의식했기 때문이다.[68]

특히 베트남 파병 문제는 1968년 4월 개최 예정이었던 한미정상회담의 의제 중 가장 중요한 한미 간 협상 쟁점 사항이었다. 당시 한국 정부는 정상회담 개최 직전, 존슨 대통령이 정상회담에서 박정희 대통령에게 베트남전 추가 파병을 요청할 것이라고 예상하고 있었다. 정상회담 직전 베트남 이택근 공사가 외교부 본부에 긴급 타전한 내용에도 이러한 정보가 포함되어 있다.[69]

나. 한국 사회의 반응

당시 한국 국민들은 1월 21일 북한 특수부대가 박정희 대통령 시해를 목표로

1968-1969 V.1, 등록번호: 2662. 외교사료관.

67 "Infantry divisions in McNamara to Johnson," November 25, 1963, Box 256, LBJ Presidential Library.

68 1964년 1월 한국을 방문한 러스크 국무장관은 이 문제에 대한 직접적인 언급은 삼갔다. 러스크 국무장관은 박정희 대통령에게 자신은 미군 병력 감축을 논의하기 위해 온 것이 아니라고 말하였고, 지금은 그 문제를 논의할 시기가 아니라는 점에서 박정희 대통령과 인식을 같이 하였다. 정수용(2001), 101쪽.

69 가. 존슨 대통령이 호노루루에서 박대통령과 회견할 때 한국군 증파를 요청할 가능성이 많다. 나. 4일 오후 한국군 증파 요청 공한을 이공사에게 전달할 것이나 우선 이 사실을 박 대통령에게 보고 바람. 증파 요청에 있어서 병과나 부대의 크기에 관해서는 언급하지 않고 일반적인 증파 요청을 할 것임. 다. 채 사령관에도 같은 말을 할 것임. 「박정희 대통령 미국방문, 1968.4,17-19」 제1권(기본문서철) 분류번호 724.11us, 등록번호 2577, 외교사료관.

서울 시내 깊숙이 침투했던 사건으로 몹시 격앙되어 있었다. 그리고 1.21 청와대 기습사건 불과 이틀 뒤 푸에블로호 피납 사건이 발생하자, 국민 여론과 언론 보도는 북한의 연이은 도발에 강력히 대응해야 한다고 방향으로 급격하게 전개되었다. 연이어 터진 이 두 사건으로 인해 국민들은 북한 김일성이 조만간 한국을 공격해 올 것이라고 불안해했다. 특히 당시 국민들은 이 사건에 대해 미국이 북한에 대해 미온적으로 대응한다고 생각했다. 1.21 청와대 기습사건 당시 미국이 판문점 군사정전위원회를 통해 북한에게 항의한 것 이외에 별다른 조치를 취하지 않고 있었던 점도 이러한 여론에 영향을 미친 것으로 보인다.[70] 한국 국민들은 이러한 불만을 연일 가두 시위와 다양한 성명의 형식으로 표출하였다.

특히 국민들 사이에 미국과 북한이 한국을 배제한 채 비공개 직접 협상을 벌인다는 소문이 돌고, 실제 양국의 예비회담이 진행되자 미·북 회담을 반대하는 시위가 전국적으로 확산되었다. 대표적으로 한국반공연맹이 후원하는 규탄 집회에는 추운 영하의 날씨에도 불구하고, 10만 명이 넘는 인파가 서울 시내에 운집하였다. 이들은 5km를 행진하고 북한의 인공기와 짚으로 만든 김일성 모형을 불태웠다.[71] 시위대 일부는 미국 대사관 앞에서 격렬한 항의를 하기도 하였다. 당시 시위대가 들고 다녔던 플래카드에는 '미국의 북괴 인정을 규탄한다', '미국과 북괴의 판문점 회담 흑막을 공개하라'라는 문구가 적혀 있었다.[72]

국민들의 시위는 날이 갈수록 격화되었다. 2월 7일에는 판문점 근처에서 시위를 벌이던 군중에게 미군이 물러날 것을 요구하며 경고사격을 하는 일도 있었다.

70 박용수, "1990년대 이후 한반도 안보환경의 변화: 푸에블로호 사건과 비교해 본 제 1,2차 북핵 위기의 특징," 『국제정치논총』(한국국제정치학회, 2007), 58쪽.

71 New York Times, February 1, 1968.

72 『동아일보』 1968년 2월 7일-8일. 이신재(2013) 109쪽에서 재인용.

이를 계기로 시위는 서울을 넘어 전국으로 확산되었고 참여 국민들의 연령층도 다양해졌다. 미군의 경고사격 다음날인 2월 8일에는 1,000여 명에 달하는 고등학생들이 미국의 굴욕적인 자세를 규탄하며 대구와 광주에서 시위를 벌였다.[73] 당시 이러한 시위를 보도했던 한국 언론들은 북한과 협상을 진행하던 미국의 태도에 상당히 경멸적인 논조를 이어갔다. 예를 들면 다시 중앙일보는 미국이 '굴욕적인 유화적 자세'를 취하고 있다고 강력히 비난했다. 코리아 해럴드는 "북한이 저지른 야만적이고 호전적인 일련의 사건에 대하여, 미국은 단호한 보복을 하는 대신 공산주의자들의 선전에 놀아나고 있다"고 지적했다.[74]

3. 주요 쟁점에 대한 미국의 입장과 반응

가. 미국 정부의 입장

한국 정부와 국민들의 격렬한 반대에 직면한 미국은 우선 박정희 대통령 본인을 포함한 한국 정부의 강경 보복을 자제시키고자 노력했다. 따라서 사건 직후 미국은 일단 한국 정부의 분노를 이해하고 요구사항들을 가급적 수용한다는 입장을 견지했다. 그리고 푸에블로호 피납사건과 1.21 청와대 기습사건의 연계 대응 요구에 대해서는 한국의 입장을 공개적이고 명시적으로 반대하지 않았다. 하지만 미국은 판문점의 미·북 비공개 회담과 관련해 한국의 참여와 회담 공개에는 반대했다. 대신 미국은 회담 상황에 대한 정보를 한국 정부에게 충분히 제공한다는 입장을 밝혔다. 무엇보다 미국은 이 사건을 계기로 한국이 베트남 파병을

73 *New York Times*, February 8, 1968.

74 『중앙일보』 1968년 2월 6일; 『코리아 헤럴드』 1968년 2월 8일.

철회할 수 있음을 경계했고, 이를 방지하기 위해 주한미군 주둔 문제 등 한국의 군 현대화 지원을 포함해 다양한 안보 공약 강화 조치를 고려했다.

당시 미국의 입장에 대한 구체적 내용은 다음과 같다. 전술했다시피 미국이 사건 초기 가장 걱정했던 사항은 바로 박정희 대통령과 한국의 정치권, 그리고 국민들의 거센 반북 여론이었다. 당시 존슨 행정부는 어떻게 해서든 푸에블로호 사건을 빌미로 박정희 정부가 미국과 협의나 통보 없이 북한에 대한 군사 보복 조치를 강행하는 것을 막고자 하였다. 푸에블로호 피납 사건 발생 다음날인 1월 24일 저녁 국무부에서 열린 대책 회의에서의 휠러(Earle Wheeler) 합참의장과 맥나마라 국방부 장관의 대화를 보면, 당시 미국 행정부의 고민을 분명히 확인할 수 있다.[75] 주요 대화 내용은 아래와 같다.

- 휠러: 본스틸 주한 미 사령관은 북한을 보복 공격하려는 계획을 가진 한국을 자제시키려고 노력하고 있습니다. 한국의 관료들은 북한에 대한 무력 보복 계획을 본스틸 장군이 눈치채지 못하도록 주의하라는 별도의 지침을 받았습니다. 본스틸 장군이 워싱턴에 있는 우리가 과연 한국의 (분노를) 더욱 자극하기를 원하는지, 이와 반대로 한국을 진정시키길 원하는지 궁금해하고 있습니다. 현재까지 그는 한국을 달래려고 노력하고 있습니다.
- 맥나마라: 우리는 계속 한국을 진정시키려고 노력해야만 합니다. 최소한 유엔 안전보장이사회에서 이 문제가 논의되는 동안이라도 말입니다.

미국의 한국 정부의 북한에 대한 단독 보복 가능성에 대한 우려는, 미국이 북한과의 비공식적 협상을 처음으로 고려하기 시작했던 1월 28일 미 대사인 포터가 국무부에 보낸 전보에서 잘 드러나 있다. 주요 내용은 다음과 같다.[76]

75 "Minutes of Meeting," January 24, 1968, *FRUS*, 490-491쪽.

76 "Memorandum From the President's Special Assistant (Rostow) to President Johnson,"

우리는 미국과 북한의 협상이 자칫 한미관계를 악화시키지 않을까 심각하게 우려하고 있습니다. 이미 보고드린 바와 같이 박정희 대통령은 이번 사건과 관련한 미국 정부의 대응이 한반도의 심각한 안보 불안을 전혀 이해하지 못한데서 비롯된 것이라고 판단하고 있습니다...우리는 아직 중립국 감독위원회에서 열릴 북한과의 협상에 관해 한국 정부에 어떠한 통보도 하지 않았습니다. 이 비밀이 오랫동안 유지될 것 같지 않습니다. 한국 외교부는 이미 우리가 모스크바와 같은 다른 제3의 장소에서 북한과 협상할 것이라고 의심하고 있습니다. …… 또한 우리는 한국군이 UN군사령관(CINCUNC)의 통제에서 벗어나 독자적인 대북 작전 수행을 준비하거나, 아니면 베트남에 파병중인 한국군을 철군할 수도 있다는 암시를 받은 적이 있습니다. 우리는 한국 정부에게 이번 협상이 오로지 푸에블로호와 승무원들을 반환받기 위한 것임을 좀 더 분명하게 알려야 합니다."

미국의 의심과 경계는 이후에도 계속되었다. 2월 9일 주한미군의 본스틸 사령관이 태평양사령부 샤프 장군(Grand Sharp)에게 보낸 전문을 보면 이러한 상황을 확인할 수 있다. 전문에는 당시 청와대가 한국 공군에게 자살행위에 가까운 대북 공습 명령을 내릴 수 있다는 내용이 포함되어 있었다. 주한미군은 한국 정부의 독단적인 군사행동 가능성을 지속적으로 경계하고 있었던 것이다.[77]

한미협상의 두 번째 쟁점사항이었던 1.21 청와대 기습사건과 푸에블로호 나포사건의 연계 대응과 관련해서, 당시 미국은 비교적 한국의 요구 취지를 수용하려는 입장과 노력을 견지했다. 한국은 전술했다시피 1월 25일 한국 외무부장관의 성명과 1월 27일 국회의 선언을 통해 북한의 일련의 두 도발에 대한 강력한 대응을 요구했다. 존슨 대통령이 1월 27일 발표한 사건 발발 이후 첫 번째 대국민 성명서를 보면, 당시 미국은 한국의 요구를 비교적 적극적으로 고려하고자 노력한

January 28, 1968, *FRUS*, 541-542쪽.

77 "Telegram From the Commander in Chief, United States Forces, Korea(Bonesteels) to the Commander in Chief, Pacific (Sharp)" February, 9, 1968, *FRUS*, 356-358쪽.

것으로 보인다.[78]

> 지난 15개월 동안 북한은 비무장지대의 한국군과 미군을 대상으로 다양한 무력 도발을 강행했습니다. 대규모의 무장공비가 한국으로 남파되어 각종 파업과 암살행위를 자행한 바도 있습니다. 특히 1월 19일에는 북한의 특수부대원 31명이 한국의 박정희 대통령을 암살하기 위해 남파되기도 했습니다... 북한은 한국군과 미군이 현재 베트남에서 성공적으로 침략행위에 대항하고 있는 상황을 반전시키기 위해 이와 같은 공격적인 무력 도발을 강행하고 있는 것으로 판단됩니다. …… 우리는 한반도에서 발생할 수도 있는 비상사태에 대비해 군사적 예방적 조치들을 하고 있으며 앞으로도 계속 추진할 계획입니다.

당시 미국은 한국이 1월 말 이후 미·북 간 비공개 회담을 강력히 반대하고 오히려 한국의 참여를 요구하자 이에 대한 대응도 진중하게 고민하였다. 당시 미국이 한국 정부의 회담 참여를 반대한다는 소위 '적극적 거부'를 했다는 공식 기록은 없다. 다만 당시 이 문제와 관련해 미국의 입장은 크게 두 가지였던 것으로 짐작할 수 있다. 먼저 미국은 판문점에서의 북한과의 회담에 대한 한국 정부, 특히 박정희 대통령 개인의 용인 혹은 묵인을 받고자 하였다. 둘째, 미국은 승무원들의 생환이라는 최우선 목표를 달성하기 위해 북한과의 직접 협상이 필요할 뿐만 아니라 불가피하다는 전제하에, 회담 진행 과정에서 한국의 반발을 최소화하는 방향으로 입장을 정한 것으로 보인다.

미국의 이러한 입장은 북한이 미국과의 회담을 제안한 1월 27일 이후 미국 국무부가 주한 미 대사관에게 보낸 전문을 통해 확인할 수 있다. 당시 미국 국무부는 북한의 회담 제의 사실과 이의 성사 가능성을 포터 대사를 통해 박정희 대통

78 Herbert Druks, *From Truman Through Johnson: A Documentary History*(New York: Robert Speller and Sons, 1971), 305-307쪽.

령에게 직접 통보했다.[79] 그리고 이와 동시에 포터 대사에게 한국에 대한 1억 달러에 달하는 추가 군사지원을 적극적으로 고려하고 있다는 점을 박정희 대통령에게 은밀히 전하기를 지시한다. 이는 비국과 북한의 비밀회담에 대한 박정희 대통령 개인의 거부를 예상한 예방적 방책일 가능성이 있다. 아울러 미국은 이후 밴스 특사와의 회담을 포함해 수 차례 북한과의 회담 진행 상황을 한국에게 지속적으로 알려주겠다는 점을 강조한다.

한미 협상에서 중요했던 또 다른 협상 쟁점은 베트남 파병과 미국의 한국에 대한 군사적 지원 등의 문제였다. 당시 미국 입장에서 한미 간 협상에서 가장 중요했던 의제는 박정희 정부의 북한에 대한 단독 보복 가능성과 더불어 한국군의 베트남전 파병의 철회 가능성이었다. 후자와 관련해 미국은 한국 정부가 베트남 파병 문제를 군사 지원과 연계해 다룰 것이라고 전망하고 있었다. 사실 박정희 대통령이 미국의 한국에 대한 군사적 지원을 베트남에 파병된 한국군의 철군 문제와 연계하고 있음을, 미국은 최소한 1967년 12월 경 파악하고 있었던 것으로 보인다.

이와 관련해 박정희 대통령이 언급한 내용을 미국 문서는 자세히 기록하고 있다. 당시 박정희 대통령은 한미 동맹의 역할을 강조하고 미국의 베트남전 수행을 높게 평가하면서 "한국군의 방위 능력을 향상 시키려는 노력을 미국 측이 좀 더 적극적으로 취해준다면 베트남에서의 2개 사단 철군은 불필요할 수도 있다"고 언급하였다.[80] 이러한 한국 측 입장을 충분히 인지하고 있었던 미국은, 푸에블로

79 "Telegram From the Department of State to the Embassy in Korea," January 28, 1968, *FRUS*, 539쪽.

80 "From American Embassy Seoul to State Department, December 7, 1967, National Security Files, Box 26, LBJ Presidential Library.

호가 나포된 후 한국에 대한 적극적인 방위 공약 제시를 통해 한국의 베트남 파병 철회 가능성을 차단하고자 하는 입장을 정립한다.

나. 미국 정치권과 사회의 반응

미국 사회에 푸에블로호 피납 상황이 알려지자, 미국 내부 곳곳에서 존슨 정부가 북한에 대한 강력한 대응을 요구하기 시작했다. 특히 미국 정치권은 북한의 행위에 상당히 분노했으며, 여야를 가리지 않고 강경한 대응을 주장하는 정치인들이 많았다. 당시 하원 군사위원회 의장인 민주당 소속 맨델 리버스(Mendel Rivers)는 사건 다음날 1월 24일, "승무원들을 돌려받기 위해서 필요하다면 북한에 대한 전쟁을 선포해야 한다"고 극단적인 분노를 표출했다. 민주당 상원의원인 토마스 도드(Thomas J. Dodd)는 만약 선박과 승무원들이 24시간 내로 석방되지 않는다면 공해상에서 북한 국적의 선박을 나포하라고 미국 정부는 명령을 내려야 한다고 주장했다.

상원의원 잭 밀러(Jack Miller)는 "…… 판문점에서 마주 앉아 그냥 단순히 항의하는 정도만으로는 부족하다. 뭔가 좀 더 적극적인 대응이 필요하다. 이러한 짓을 계속해서 자행하려는 자들이 있다면 응분의 대가를 치루어야 한다. 그렇게 해야만 그들의 욕구를 좌절시킬 수가 있다."고 주장했다. 또 다른 상원의원 스트롬 써몬드(Strom Thurmond)는 "푸에블로호와 승무원들을 즉각 되찾기 위해 필요하다면 우리는 그들과 싸워야 합니다."[81]라고 주장했고, 하원의원 알버트 와트슨(Albert Watson)은 "커다란 채찍이 그 어떤 때보다 필요한 때입니다"라고 언급했다.

상원 국제관계위원회에서 공화당을 대표하는 하이켄루퍼(Bourke Hickenlooper)

81 "Compilation of Statements Concerning USS *Pueblo* Incident,"National Security Council Histories, Vol. 13, Boxes 31-33, LBJ Presidential Library,

는 존슨 대통령과의 통화에서 "한반도 동해안에 즉각 함대를 보내시오. 함포를 해안으로 겨누고 하루 빨리 우리의 배와 승무원들을 석방하라고 최후통첩 하시오"라고 북한에 대한 강력한 내응을 요구했다. 베넷(William Bcnnctt) 상원의원도 목소리를 높이기는 마찬가지였다. 그는 "원산항으로 곧장 진격합시다. 푸에블로호 갑판 위로 밧줄을 던지고 우리 승무원들을 데려옵시다."라고 하였다. 훗날 대통령의 자리에 오르는 당시 켈리포니아 주지사 로널드 레이건(Ronald Reagan)도 "이 사건은 내가 기억하는 미국의 역사 중에 가장 치욕스런 장면이다."라고 개탄했다[82]

물론 미국 정치권에서도 정부의 차분한 대응을 요구하며, 무엇보다 승무원들의 생환을 최우선적으로 고려해야 한다는 목소리도 있었다. 1월 25일 상원의원 로버트 케네디(Robert Kennedy)가 "미국은 북한에게 경고해야만 한다. 하지만 상황이 악화될 수 있기 때문에 그 전에 승무원들과 선박을 돌려받아야만 한다"고 주장하였다. 1월 26일 상원의원 찰스 퍼시(Charles Percy)는 "지금까지 행해진 흉악무도한 행위를 바로잡기 위해서 모든 외교적 노력을 다해야 한다는 존슨 대통령의 견해에 동의한다. 하지만 지금은 냉정을 되찾고 우리의 말과 행동에 신중을 기해야 할 때라고 생각한다."며 차분한 접근을 강조한 바 있다.

당시 미국 국민을 대상으로 한 갤럽의 여론조사(Gallup poll) 결과를 보면 북한에 대한 무력 행사를 선호하는 응답자가 외교와 협상 등의 평화적 수단의 해결을 지지하는 응답자들보다 거의 2배나 많았다.[83] 이처럼 미 전역은 푸에블로호 피납

---

82 *Newsweek*, February 5, 1968; *The Washington Post*, January 27, 1968; Lerner(2002), 145-148쪽.

83 당시 미국 국민들의 강경 여론은 북한과의 비공개 회담이 진행되고 있는 상황에서도 상당히 높았다. 그해 2월 11일 발표된 뉴욕 타임즈의 여론조사 결과를 살펴보면 다음과 같다. 평화적인 현상을 바라는 응답자는 전체의 21%, 외교적 수단이 실패 했을 경우 군사적 조치를 취해야

사건에 관한 근심과 애도, 그리고 분노로 뒤덮였다. 전국의 많은 자원자들이 승무원들의 구출 작전에 자원하겠다고 나섰고, 미국 국민들은 차량 앞부분에'푸에블로호를 기억하자'는 스티커를 붙이고 다녔다. 그리고 푸에블로호에 관한 노래가 방송을 타고 연일 전국을 휘저었다.

하지만 정치권과 국민들의 강경한 여론과는 달리 당시 일부 언론은 판문점의 미·북 비공개 회담을 긍정적 방안으로 평가하는 내용들을 보도하는 등 외교적 문제 해결 가능성에 주목하였다. 당시 미국 언론에서는 "인도 주재 북한 외교대표부 대변인이 북한 정권이 푸에블로호와 그 외 83명 선원을 북한 국적 포로[84]와 교환하는 것을 합의하지 않을 이유가 없다"고 말한 것으로 보도했다. 또 다른 미국언론은 "미국이 북한에서 선박과 선원을 석방한다면 북한과 한국 문제를 논의할 용의가 있는 것 같아 보인다"는 추측성 보도를 하기도 했다. 같은 기사에서 소련의 소식통을 인용하며 "북한이 미국 측에서 위기 조성을 중단하면 선박과 선원을 석방할 것이라고 시사하였다"고 하였다.[85]

한다는 응답자가 6%, 즉각적인 무력 조치를 취해야 한다는 응답자는 40%에 달하였다. *The New York Times*, February 11, 1968.

84 여기서 지칭하는 포로는 문맥상 1.21 청와대 침투사건 당시 체포된 김신조를 의미하는 것으로 보인다.

85 미국 국내 언론 보도 내용은 양준석의 다음 논문 내용에서 재인용했음을 밝힌다. 양준석, "1968년 푸에블로호사건 초기 한국정부의 미국에 대한 대응전략: 방기의 두려움을 중심으로," 『군사』 통권 105호(2017), p.162; *Washington Post,* 28, Jan.1968; *The New York Times*, 30, Jan. 1968.

Ⅳ. 한미 협상의 전개과정과 협상전략

1. 협상 전개과정

푸에블로호 피납 사건에 대한 한국과 미국의 외교 협상 기간은 1968년 1월 23일부터 4월 15일까지이다. 양국 간 협상은 사건 발발 직후 북한에 대한 대응 방법을 둘러싼 한미 간 협의에서 시작되어, 그 해 하와이에서 개최된 한미정상회담에서 마무리되었다. 이 기간 한미 양국은 앞서 소개했던 쟁점들에 관해 다양한 방식을 통해 논의하였다. 양국의 협상은 1968년 2월의 밴스 특사 방한과 4월의 한미정상회담을 중심으로 전개되었다. 하지만 두 차례 협상 이외에도 한미 양국은 중요한 쟁점을 둘러싸고 각자의 입장을 교환하며 다양한 층위에서 협상 게임을 진행하였다. 양국이 전개한 협상과 협상을 전후한 양국의 입장을 정리하면 다음과 같다.

전술한 바와 같이 푸에블로호 사건이 발발하자 존슨 대통령은 강력한 대북 보복을 주장하는 박정희 대통령을 달래기 위해 노력했다. 격앙된 한국 정부를 달래기 위해 미국이 처음 고려한 조치는 한국에 대한 군사 지원의 확대였다. 실제로 1월 26일 백악관에서 열린 사건 대책 회의에서 맥나마라 국방장관은 한국에 군사원조 프로그램(MAP: Military Assistance Program) 명목으로 1억 달러 추가 지원을 의회에 요청할 것이라고 대통령에게 보고했다. 추가되는 1억 달러는 한국의 베트남 파병과 북한의 점증하는 위협에 대처하기 위한 군 현대화 전력 증강 비용으로 보고되었다.[86]

86 당시 1968년 MAP 예산은 이미 전년에 비해 40% 삭감되어 집행되고 있었다. 하지만 미국 국방부는 추가 지원이 없다면 한국에 대한 군사적 지원을 효과적으로 하지 못할 것이라고

하지만 미국의 기대와는 달리 박정희 대통령은 일련의 두 사건으로 촉발된 한국사회의 안보 불안을 이유로, 미국이 희망하는 베트남 추가 파병 조치는 커녕 오히려 기존 파병 부대의 철군 문제를 언급하기 시작했다. 박정희 대통령의 이러한 구상을 뒷받침하는 상황이 실제로 발생하기도 했다. 1968년 1월 말, 한국의 합동참모본부는 미국에게 베트남에 있는 한국군의 철군 계획을 서서히 구상할 필요가 있음을 알렸다. 그리고 한국 국회는 미국에게 베트남에서의 한국군 철수를 요구해야 한다는 결의안을 두고 격론을 벌이기도 하였다.[87] 같은 기간 베트남에서 북부 베트남군의 이른바 '설날 대공세(Tet offensive)' 등으로 전쟁이 점차 악화되는 상황에서, 주요 파병국인 한국의 입장에 변화가 감지됨에 따라 미국 존슨 행정부의 고심은 깊어질 수밖에 없었을 것이다.

이 무렵 한미 양국 간에는 푸에블로호 피납 사건을 해결하기 위한 협의와 정보공유를 이미 진행하고 있었다. 1968년 1월 말 미국이 한국 정부에게 북한과의 판문점 회담 개최 가능성을 전달하자, 한국 정부는 이에 상당히 격앙된 반응을 보였다. 판문점에서 미·북 간 첫 번째 회담이 개최된 다음 날, 한국 정부는 이에 대한 입장을 다음과 같이 미국에 전달한다.

> …… 이번 무장공비의 남파사건과 「푸에블로」호 사건이 때를 같이하여 일어났으며 군사정전위원회에서는 의당 공비남침 문제를 주제로 하고 종전의 관례에 따라 한국군사대표 참석하에 진행되어야 함이 정상적인 것인데 비정상적으로 회의가 운용되고 있는데 대하여 국민은 크게 불만이며 많은 의혹을 갖게 되는 것은 오히려 당

내부적으로 평가하고 있었다. "Notes of Meeting," January 26, 1968, *FRUS*, 526쪽.

87 "ROK JCS Request in Air Force Chief of Staff memo to subordinate commands," January 29, 1968, National Security Files, Boxes 263-64, LBJ Presidential Library; "From American Embassy Seoul to State Department," February 6, 1968, National Security Files, Boxes 34-35, LBJ Presidential Library.

연하다...집단무장공비가 서울에 침입한 사건에 크게 충격을 입은 한국 국민은 이와 같은 중대사건의 재발방지에 대한 납득할 만한 보장책이 한미 간에 시급히 세워져야 할 마당에 오히려 판문점 회담에서까지 한국의 군사대표가 참석하지 못하게 되는 것은 한미협조에 있어서 크게 유감된 일이라는 것이 국민의 공통적인 의사이다.[88]

아울러 같은 날 박정희 대통령은 존슨 대통령에게 다음과 같은 내용의 친서를 보낸다.

…… 휴전 후 가장 심각한 이 일련의 도발행위는 대한민국 내에 불안 상태를 조성하여 그 경제발전을 저해하고 월남에 있어서의 한미 양국 공동의 군사 행위에 견제를 가하려는 의도를 가진 것으로 보겠습니다만...한국의 방위 태세를 확고한 반석위에서 있게 함으로서만 월남에서 싸우는 국군장병의 사기를 유지할 수 있고...본인은 이에 관련한 모든 문제와 그 대책을 토의하기 위한 한미 간의 고위 정치 회담의 즉각적인 개최가 유익하리라고 생각...

위 문서에서 확인할 수 있듯이 한국은 지속적으로 푸에블로호 피납사건과 1.21 청와대 기습사건을 연계할 것을 미국에게 요구했다. 아울러 판문점 정전위원회 개최에 강력한 불만 의사를 피력했다. 다만 미·북 회담에 대한 반대의 표현 수위를 가급적 자제함으로써 외견상 미·북 회담을 수용할 수도 있다는 여지를 보이기도 하였다. 그리고 박정희 대통령 친서에서 확인할 수 있듯이, 당시 한국 정부는 북한의 도발이 베트남전과 연계되어 있다는 의구심을 가진 것으로 파악된다.[89] 이는 친서 전달 며칠 전 존슨 대통령이 발표한 성명서에서 이 사건과

88 "판문점 군사정전위원회 회담에 대한 우리의 입장," 「1.21 무장공비침투 및 Pueblo 납북사건, 1968-1969」 제1권 기본문서철, 1969, 분류번호: 729.55 1968-1969 V.2, 등록번호: 2663. 외교사료관.

89 "대통령 각하 친서: 존슨 미대통령 앞 대통령 각하 치서(안)," 「1.21 무장공비침투 및 Pueblo

베트남 전쟁의 연계를 언급한 것에 대해 인식과 평가를 같이 한다는 점을 강조한 것으로 해석할 수 있다.

존슨 대통령의 박정희 대통령 설득은 2월 11일 밴스(Cyrus R. Vance) 특사의 파견으로 더욱 구체화 되었다. 사실 한국을 방문한 밴스 특사는[90] 존슨 대통령으로부터 특별한 임무를 받고 한국으로 향했다. 존슨 대통령은 밴스 특사에게 한국 지도자들의 북한에 대한 무력 보복 열망을 좌절시키고 판문점에서의 군사정전위원회 협상에 대한 공식적인 동의를 구해옴과 동시에 베트남에서 한국군을 계속 주둔시킨다는 박정희 대통령의 확고한 의지를 확인하고 오라는 특명을 내렸다.[91]

당시 존슨 대통령은 밴스 특사에게 박정희 대통령 설득과 한국 정부와의 협상력 제고를 위해 당근과 채찍을 부여했다. 존슨 대통령은 우선 밴스 특사에게 1억 달러에 달하는 군사 원조 계획 인상안에 관한 세부 사항을 한국 측과 협상하도록 권한을 위임하였다. 아울러 존슨 대통령은 만약 박정희 대통령이 미국의 제안을 거절한다면, 미국이 제안하는 추가 원조 제안이 철회될 수도 있으며, 나아가 향후 한국에 대한 미국의 기여도 감소할 것이라는 점을 특별히 강조하라고 지시했다.[92] 이러한 점을 고려하면 당시 미국 행정부가 박정희 대통령의 의지를 좌절시키기 위해 상당히 강력한 동맹 압박 조치도 고려하고 있었음을 확인할 수 있다.

납북사건, 1968-1969」 제1권 기본문서철, 1969, 분류번호: 729.55 1968-1969 V.1, 등록번호: 2662. 외교사료관.

90 밴스 특사는 푸에블호로 피납 사건과 관련해 한국으로 특사로 파견되기 이전에, 1967년 존슨 대통령의 특사 자격으로 그리스와 터키 사이의 키프로스 분쟁의 중재를 위해 활동한 경험이 있었다.

91 "Notes of meeting of senior foreign policy advisers," February 12, 1968, 1:45, Box 2, LBJ Presidential Library; "Cy Vance report, Memorandum for the President," February 20, 1968, National Security Files, Box 10, LBJ Presidential Library.

92 "Notes of president's meeting with Cy Vance," February 15, 1968, Box 2. LBJ Presidential Library.

한국에 도착한 직후 박정희 대통령과 밴스 특사는 두 차례 회담을 했다.[93] 양국 간 협상이 진행되는 내내 박정희 대통령은 북한의 도발을 '전쟁행위'라고 규정하고, 북한이 재차 도발을 강행할 경우 '즉각적 보복'을 해야 한다고 강조했다. 반면 밴스 특사는 한미 양국의 결속을 내세우며 한국의 독자적 대북 보복 행동이 초래할 위험성을 강조했다. 박정희 대통령은 한국군의 전투력 강화와 군사 장비의 현대화를 위해 약 15억 달러에 대한 미국의 군사 원조를 요구했다. 밴스는 한국에 대한 미국의 안보 공약을 재천명하고, 애초 계획대로 한국군의 현대화를 위한 추가 군사 원조로 1억 달러 제공 의사를 전달했다.[94]

2월 14일 밴스 특사와 포터 대사는 공식적인 합의문을 만들기 위해 한국의 외무장관과 마주 앉았다. 10시간 동안의 협상 끝에, 한국과 미국은 푸에블로호 사태에 대한 평화로운 해결책을 강구 할 것이며 어떠한 군사적 행위도 사전에 서로 협의해야 한다는 내용을 합의했다.[95] 밴스 특사는 다음 날 박정희 대통령에게 합의문의 승인을 요청했다. 하지만 박정희 대통령은 상당히 불만족스러운 표정으

93 밴스 특사는 존슨 대통령에게 박정희 대통령에 대한 인상을 다음과 같이 전하였다. "그는 가냘픈 체격에 무척이나 진지한 모습이었습니다. 하지만 긴장과 의심, 그리고 불신으로 가득 찬 표정이었습니다." "Memorandum for the President," February 20, 1968, National Security File, Box 10. LBJ Presidential Library,

94 당시 회담에서 쟁점이 되었던 문제 중 한 가지는, 주한미군 주둔과 한국의 베트남 파병 문제 간에 한미 간 설전이 있었느냐의 문제이다. 일부 연구에는 정일권 총리가 "한국 국회의 압력이 베트남 주둔 한국군의 철수를 강요할 수 있다"고 말하자 미국 측이 한국이 파병을 철회하면 미국은 주한미군을 철수할 것이라고 응수했다고 주장한다. 실제 미국의 문서를 보면 관련한 대화가 있었을 가능성이 높고, 포터 대사가 아닌 밴스 특사가 이를 언급했을 것으로 보인다. 해당 문서를 보면 밴스 특사는 한국이 이를 자꾸 언급하는 것은 부적절하고, 양국 관계에 중대한 영향을 미칠 수도 있음을 분명히 했다고 기록되어 있다. "Notes of president's meeting with Cy Vance," February 15, 1968, National Security File, Box 2. LBJ Presidential Library.

95 "Telegram from American Embassy Seoul to State Department," February 14, National Security File, Box 10. LBJ Presidential Library.

로, 향후 북한의 침략적 만행이 다시 발생한다면, 미국이 군사적으로 대응하겠다는 분명한 보장이 필요하다는 점을 밴스 특사에게 다시 강조했다.[96]

박정희 대통령의 요구에 밴스 특사는 "합의문에 미국의 북한에 대한 군사적 보복을 명시하지 않는 것이, 한국에 대한 미국의 안보적 약속과 관심이 줄어들었음을 의미하는 것은 아니다."라고 박정희 대통령을 재차 설득했다. 이에 박정희 대통령은 만약 북한이 다시 한번 군사적 도발을 시도한다면 한국이 단독으로라도 보복하겠다는 점을 강조하며 마침내 공동성명을 추인했다. 박정희 대통령은 미국과의 합의 직전까지도 북한의 도발에 대한 한국의 강경한 보복 의지를 강조함으로써, 미국의 안보적 약속 준수에 대한 필요성을 미국 측에게 적극적으로 인지시키고자 노력한 것으로 보인다.

밴스 특사와 한국 정부와의 회담은 한국 정부가 미국에게 사건에 대한 공식적인 입장을 분명히 전달했다는 점에서 중요한 의미가 있었다. 특히 박정희 대통령 스스로가 강력한 의지로 북한에 대한 군사적 보복 의지를 미국 대표단에게 반복적으로 강조함으로써, 미국 정부가 한국의 안보에 좀 더 적극적인 정책적 관심을 가질 수 있도록 분위기를 조성했다고 평가할 수 있다. 비록 한국 정부가 한미방위조약에 따른 미국의 자동 개입 문제에 대한 확답을 양국 간 합의 문서에 남기지는 못했지만, 미국의 추가 지원을 확보함과 동시에 이 사건에서 한국을 배제하거나 주한 미군을 철수하지 않을 것이라는 존슨 대통령의 입장을 특사를 통해 전해 받은 것은 중요한 성과였다.[97]

---

96 「Vance, Cyrus R. 미국 대통령 특사 1.21사태 관련 방한 1968. 2.12.-15」 V.1 기본문서철. 1968. MF번호: C21-1. 외교사료관; "Memorandum for the President," 1968. 2. 20, Box 10, LBJ Presidential Library.

97 당시 존슨 대통령은 밴스 특사에게 "우리는 푸에블로호와 승무원들의 송환에 있어서 한국을 방기하지 않을 것이며, 이전보다 더 강력히 한국에 주둔할 것이다."라는 메시지를 전달하라는

미국 또한 한국 정부의 의중을 정확히 파악함과 동시에 한국의 단독 군사행동을 반대하는 미국 정부의 단호한 입장을 박정희 대통령 자신에게 주지시켰다는 측면에서 의미 있는 협상이라고 평가할 수 있다. 특히 밴스 특사의 방한 이후 한국 정부는 미·북 판문점 회담을 더 이상 직설적으로 비난하지 않았고 북한에 대한 즉각적인 보복 공격 주장도 하지 않았다. 따라서 미국 정부 입장에서 볼 때 밴스 특사에게 부여했던 한국 정부 달래기라는 가장 중요한 목적은 어느 정도 달성되었다고 평가할 수 있을 것이다.

하지만 이러한 외연적 성과에도 불구하고, 미국은 박정희 대통령과 밴스 특사의 회동 이후에도 박정희 대통령의 의중에 대한 의심을 쉽게 거두지 않았다. 1968년 2월 말 러스크 국무장관이 쓴 글을 보면, 미국은 박정희 대통령이 여전히 북한에 대한 호전적인 자세를 굽히지 않고 있다는 평가를 하고 있었음을 확인할 수 있다. 당시 러스크 장관은 포터 대사에게 박정희 대통령이 북한에 대한 보복 공격을 할 의향이 있다는 전문을 보내기도 하였다.[98]

박정희 대통령은 밴스 특사와의 회담 이후 공식적으로 북한에 대한 단독 보복 행동의 필요성을 더 이상 주장하지 않았다. 하지만 박정희 대통령의 침묵과는 별도로 한국 정부의 고위급 관료들이나 여타 정치 지도자들은 간헐적으로 이 문제를 언급함으로써 미국을 지속적으로 자극했다. 당시 집권당이었던 공화당 대변인은 대미 의존적 국방정책을 자주국방의 방식으로 빨리 전환해야 한다고 강조했다. 그리고 당시 익명의 정부 고위급 관리는 미국이 북한과의 대화를 계속한다

지시를 내렸다. "Mission of Cyrus R. Vance: Special Instruction," 1968. 2. 2, Box 129, LBJ Presidential Library.

98 당시 러스크 국무장관은 "박정희 대통령은 비무장지대를 넘어서 북한에게 반격을 가하려고 하는 욕망에 점점 더 집착하는 것 같습니다."라고 이 전문에서 언급했다. Lerner(2002), 201쪽.

면 한국 단독으로도 군사적 조치를 취할 수도 있음을 암시하기도 했었다.[99]

1968년 3월에 박정희 대통령은 미국에게 베트남에 대한 추가 파병 의사를 피력한다. 박정희 대통령은 미국이 군사 장비와 군수 물자만 충분히 지원해 준다면, 이른 시기에 베트남에 3번째 사단을 파견할 수 있다고 언급한 것이다. 특히 박정희 대통령은 추가 파병의 조건으로 베트남에 파병하는 한국군인 1인당 연간 급료로 4,000달러를 요구하였다. 이는 당시 한국군 1인당 지급 받았던 600달러보다 훨씬 높은 금액이었다. 추가 파병 문제와 관련해 한국 정부도 미국에게 추가적으로 몇 가지 요구사항을 전달하기도 했다. 정일권 국무총리는 미국 측이 제주도에 대규모 한국 공군 기지를 건설해 주고 한국 예비군에 대한 장비를 제공해 준다면, 추가로 2개의 사단도 파견할 용의가 있음을 포터 대사에게 밝혔다.[100]

3월 이후 미국은 한국에 대한 대규모 군사 지원을 본격적으로 구상하기 시작했다. 이는 한국의 베트남 파병에 대한 보상 차원이기도 했지만, 1.21 청와대 기습 사건과 푸에블로호 사건을 통해 형성된 미국에 대한 실망감과 의구심을 완화 시키기 위한 일종의 정치적 보상의 의미를 포함하고 있었다. 실제로 당시 존슨 대통령은 군부 장성들에게, 한국에 대한 군사 지원 강화는 안보 효율성 차원뿐 아니라 한국에 대한 정치적·심리적 만족을 극대화를 위해서라도 중요하다는 점을 강조하기도 했다.[101]

하지만 당시 존슨 행정부는 한국에 대한 군사 지원의 범위를 어디까지 설정하는가의 문제를 두고 고심하였다. 미국 국무부는 전술한 바와 같이 2월의 밴스 특

99 "From State Department to American Embassy Seoul," February 13, National Security File, Box 10. LBJ Presidential Library.

100 "Memo to Johnson from Rostow," June 19, 1968. Box 91, LBJ Presidential Library.

101 "Telegram from State Department to American Embassy Seoul," February 7, 1968, National Security File, Box 10. LBJ Presidential Library.

사와 박정희 대통령 간 회담 이후에도 여전히 한국 정부가 북한에 대해 적대적 보복 행위를 계획 중이라고 의심하고 있었다. 4월 1일 주한 미 대사관이 태평양 지구 사령관인 샤프 제독에게 보낸 전보에는 이러한 미국 측의 우려가 잘 나타나 있다.

> 한국 국방부가 4월 5일 실행하고자 하는 계획은 미국의 승인과 지원 없이 한국군이 대규모로 북한에 무력 보복을 가할 수 있는 군사력을 증강한다는 것을 의미한다. 만약 한국이 미리 병참 자원을 축적하였거나 혹은 다른 곳에서 전용할 수 있다면...한국 지상군은 비교적 단시간에 승리를 쟁취할 수 있다는 믿음을 가지고 북한에 대한 선제공격을 감행하고자 하는 유혹을 느낄 것이다. 따라서 한국의 지도자들이 한반도 통일에 영향을 미치기 위해 북한에 대한 전면전이나 선제공격을 고려하고 있을지도 모른다는 심각한 우려에는 전혀 근거가 없는 것이 아니다. 북한에 대한 선제공격은, 북한의 예상 공격보다 조금 앞서는 적절한 시점에 단행될 것으로 보인다....한국의 지도자들은 만약 무력적 수단에 의해 한반도 재통일이 급격히 영향을 받는 시점이 되면, 강대국들도 더 이상 이 문제에 관여하지 못할 것이고, 아마도 기정사실로 받아들일 것이라고 믿고 있다.…… 한국 국방부의 계획에 따른 미군의 전폭적인 지원은 현재 한국에서의 미국의 목적을 고려해 본다면 정당화되기 어렵다. 왜냐하면 미국의 국익과 상반되는 한국군의 독자적 군사행동을 가능하게 만들기 때문이다.[102]

이러한 상황에서 미국이 한국에게 어떠한 수준의 군사적 지원을 하는가는 존슨 행정부의 중요한 고민이 아닐 수 없었다. 자칫 한국에 대한 추가 군사 지원이 지연되거나 부족할 경우, 한국 정부가 미국의 안보 공약을 불신해 북한에 대한 단독 군사행동에 대한 당위를 다시 주장할 수 있었기 때문이다. 당시 한국은 이미 약속된 4억 달러의 원조 외에 미국으로부터 추가로 1억 달러의 군사 원조를

102 "Telegram From the Embassy in Korea to the Commander in Chief, Pacific (Sharp)," 16 April 1968, *FRUS*, 417-418쪽.

더 받기로 되어 있었다. 지원의 세부 사항에는 한국의 요구사항인 F-4D 전투기와, M-16소총, 그리고 한국 경찰에 대한 지원도 포함되어 있었다. 결과적으로 북한이 의도하지는 않았겠지만, 푸에블로호 사건을 통하여 한국의 군사력과 치안이 강화되는 물적 토대가 마련되는 등 북한의 입장에서 '안보적 역효과'가 발생했다고 볼 수 있다.

1968년 4월 17일 하와이 호놀룰루에서 한미정상회담이 개최되었다. 이 정상회담은 무엇보다 1.21 사태와 푸에블로호 피납 사건으로 촉발된 동맹의 긴장을 어떻게 해소할지가 가장 중요한 의제였다. 2월의 밴스 특사와 한국 정부 간 협상은 푸에블로호 피납 사건 직후 파생된 양국의 정책적 불일치와 두 정부의 의중을 공식적으로 상호 확인하는 자리였다. 반면에 4월의 한미정상회담은 양국 정상이 직접 피납 사건에 대한 파장을 공식적으로 봉합하는 것을 넘어, 급변하는 지역 안보 정세에 능동적으로 대응하기 위한 동맹 강화 노력이라는 의미가 있었다.

당시 한국 정부는 미국과의 정상회담을 한국의 안보를 확고히 하는 계기로 만들고자 하였다. 한국 정부가 당시 준비했던 한미 정상 간 공동선언문 초안을 보면, 한국은 한반도 상호방위조약에 의거 한반도 유사시 미국의 자동 개입에 대한 미국의 분명한 입장을 명문화하고자 하였다. 한발 나아가 한국 정부는 정상회담을 통해 미국의 핵우산 제공에 대한 확약도 기대한 것으로 확인되었다. 아울러 한국 정부는 한국의 자주 국방력 강화를 위한 미국의 한국군 현대화 지원의 확대 또한 기대했다.

반면 4월 한미정상회담에 임하는 미국의 가장 중요한 목표는 한국의 베트남전 추가 파병 약속을 얻어 내는 것이었다. 하지만 당시 북한의 연이은 도발로 조성된 한반도 안보 상황과 이에 대한 한국 정부의 안보 민감성을 고려할 때, 미국이 이러한 목표를 달성하기는 현실적으로 어려웠다. 따라서 미국은 이러한 목표를 달성하지 못하더라도 최소한 한국이 기존 베트남 파병군을 철수하지 못하도록 설득할 필요가 있었다.

미국은 실제 이러한 목적을 달성하기 위해 상당히 적극적인 노력을 한 것으로 보인다. 1968년 4월 16일 존슨 대통령은 하와이에서 공항까지 나가 박정희 대통령을 직접 영접하기도 했다.[103] 또한 장시간 진행되었던 두 정상 간 회담에서 박정희 대통령은 한국의 방위를 위해 미국의 더욱 적극적인 도움을 요구했고, 존슨 대통령은 북한의 추가적인 군사 도발을 격퇴하기 위해 한국을 적극 돕겠다는 의사를 박정희 대통령에게 직접 피력하기도 하였다.

2. 한국의 협상전략

한국 정부는 푸에블로호 피납 사건과 관련한 미국과의 협상을 북한으로부터의 안보 위협 억제와 한국의 자주 국방력 강화를 위한 중요한 계기이자 수단으로 활용하고 했다. 푸에블로호 피납 사건 이후 한국 정부가 의도하든 의도하지 않았든 미국과의 협상 과정에서 활용한 전략은 크게 3가지였다. 첫째, 정부의 강경한 대북 보복 의지를 강조함으로써 미국과의 협상에서 유리한 입장을 선점하기를 기대했다. 둘째, 1.21 청와대 기습사건 등 북한의 도발 행위들과 푸에블로호 피납 사건을 연계해 한국의 안보에 대한 국제적 여론을 환기하고자 했다. 셋째, 베트남 파병 문제를 활용해 미국의 안보 공약 강화 조치를 견인하고자 했다. 이에 대한 구체적 내용은 아래와 같다.

103 홍석률(2005), 288쪽.

가. 강력한 대북 강경 태도의 파급효과

우선 한국이 채택한 협상전략은 대북 강경 의지와 태도의 전략적 활용이었다. 사실 이는 애초 한국 정부가 목표를 달성하기 위해 사전에 구상하고 설계한 전략적 요소라기보다, 한국 정부의 강경한 태도에 대한 미국의 반응을 확인한 후, 이후 상황에 따라 한국이 이를 적절히 원용했다고 평가하는 것이 적절하다. 즉 푸에블로호 피납 사건 초기 한국의 자연스러운 강경 대북 정책에 대한 미국의 예민한 반응이라는 예기치 않은 파급효과가 일종의 전략화의 형태로 전환된 것이라 해석하는 것이 타당하다.

사건 초기 한국 정부는 북한에 대한 상당히 강경한 입장을 견지했고, 이러한 입장을 미국 측에게 분명하고 강력하게 전달하고자 노력했다. 특히 박정희 대통령이 직접 북한에 대한 군사적 보복을 강하게 주장한 것이 미국과의 협상에 일부 도움이 된 측면이 있다. 당시 박정희 대통령은 이번 기회에 북한으로부터 다시는 군사적 도발을 하지 않겠다는 약속을 받아야 한다고 주장했다. 한국에서 박정희 개인의 절대적인 정치적 영향력을 잘 인지하고 있었던 미국의 입장에서, 박정희 대통령 개인의 높은 보복 의지는 그 자체로 미국에게 중대한 도전요인이었다. 이러한 미국의 우려는 1월 29일, 미국이 설정한 피납 사건 대응 목표에 한국 정부를 진정시키고 한국에서 전쟁을 막는다는 내용이 채택된 것에서도 확인할 수 있다. 또한 한국 정부는 북한과의 외교 협상을 통해 문제를 해결하려는 존슨 행정부의 계획도 반대했다. 당시 이러한 한국 정부의 의지를 확인할 수 있는 성명 내용은 다음과 같다.

> 북한은 유엔에서 침략자로 이미 낙인찍혔고, 그 후에도 계속 유엔의 권위와 무능을 무시한 침략자이다. 국제정의와 국제법을 준수하는 미국이 북한과 협상한다는 것

은 있을 수 없는 일이고 상상할 수도 없는 일이다. 그리고 이를 단호히 배격한다는 것이 한국 정부의 입장임을 밝혀둔다.

당시 한국 정부의 의지와 태도는 2월 초 박정희 대통령이 존슨 대통령의 친서에 대한 회신에도 분명히 드러나 있다. 회신 내용을 보면 박정희 대통령은 푸에블로호 피납 사건 해결 과정에서 미국 선원과 선박의 송환도 중요하지만, 북한으로부터 다시는 도발을 하지 않겠다는 보장을 받아내는 것이 더욱 중요하며, 한국과 미국의 확고한 태도와 결연한 의지를 보여야 한다는 점을 강조하였다.[104]

나. 한국의 당사자 자격 확보를 통한 공세적 대북 외교

전술했다시피 한국 정부는 사건 초기부터 미국에게 푸에블로호 피납 사건과 1.21 청와대 기습사건을 묶어 공동으로 대처할 것을 강력히 요구했다. 이는 푸에블로호 사건이 미국과 북한의 문제만이 아닌, 한국의 중대한 안보 문제이기도 하다는 판단에 따른 것이었다. 즉 1.21 청와대 기습사건과 푸에블로호 피납 사건 모두를 북한 도발 행위라는 보다 넓은 범주에 포함시킴으로써, 한국 정부 또한 이 사건의 대응 과정에 참여해야 한다는 판단에 따른 전략이다.

이러한 한국의 전략은 두 가지 방향으로 순차적으로 진행되었다. 먼저 사건 발발 직후 일주일 동안 한국은 1.21 청와대 기습사건과 푸에블로호 사건의 연계 대응을 미국에게 요구함으로써, 미국이 단순히 피납 사건에만 매몰되어 이 사건을 이해하고 대응하는 것을 적극적으로 견제하고자 하였다. 한국은 1967년부터 갑자기 강화된 북한의 무력 도발의 연장에서 이 두 사건을 해석하고 평가해야 한

104 "Dear Mr. President," Korea vol 1, President Park Correspondence, National Security File, 1968. 2. 5, Box 5, LBJ Presidential Library

다고 일관되게 주장했다. 그리고 이러한 문제의 해결 또한 북한의 도발을 원천적으로 방지하는 것이 적절하고 타당한 대응 목표라는 점을 미국에게 지속적으로 강조했다. 당시 한국의 이러한 전략적 태도는 미국이 자칫 푸에블로호의 승무원을 송환받는 것으로 사건을 마무리할 수도 있다는 우려를 반영한 것으로 보인다.

이러한 판단에 따라, 한국 정부는 1월 30일 이후 사건의 해결을 미국에게 전적으로 의지하기보다 직접 관여하는 방향으로 전략을 전환했다. 즉 북한과의 협상에 한국 정부도 당연히 참여해야 한다고 미국에게 주장하기 시작했다. 하지만 당시 미국이 한국을 협상에 참여시킬 가능성은 극히 낮았다. 미국은 한국 정부가 협상을 통해 외교적으로 문제를 해결하는 것을 강력히 반대하고 있다고 의심하고 있었다. 따라서 한국의 참여에 대한 북한의 수용 가능성도 상당히 낮았지만, 자칫 한국이 미국의 정책과 입장에 반하는 언행을 할 수 있음도 미국 정부는 우려했을 것으로 짐작할 수 있다.

한국 정부도 이러한 현실을 충분히 인지하고 있었던 것으로 보인다. 한국은 만약 북한과의 비공개 협상에 대한 참여가 여의치 않으면, 추후 한국이 유엔 안보리 회의에 참석하지 못하더라도 북한이 유엔 안보리 회의에 참석해 발언하는 일도 없어야 한다고 한국의 주유엔대사에게 지침을 하달했다. 아울러 북한을 외교적으로 고립시키기 위해 6.25 전쟁에 참전한 16개국을 상대로 북한에 대한 공동 대응을 할 것을 요청하고 이를 적극적으로 추진하기도 하였다.

1월 31일, 최규하 외무부 장관은 "북한이 유엔안전보장이사회에 무조건 초청되는 것을 절대 반대한다"며 관련한 정부 입장을 공식적으로 밝혔다. 최장관은 "푸에블로호 사건이 해결된다고 해도 한국사태가 해결될 것인가에 대해서는 의문"이라고 말하면서, "휴전선 방어를 비롯한 한국 방위에 적절한 조치가 유엔 안보리와 자유애호국들 사이에 강구되어야 한다"고 말하며, 한국의 안전을 보장하

고 북한의 도발 행위에 대해 적절한 조치를 강구하는 것이 더 중요하다는 점을 강조하였다.[105]

2월 2일 미·북 간 첫 번째 비공개 회담 직후, 한국 정부는 포디 대사와 본스틸 유엔군 사령관을 불러 한국의 입장을 전달하고 미국의 확실한 입장 표명을 요구했다. 그리고 2월 3일 미국에 전문을 보내어 판문점 회담에 대한 한국 정부의 공식적인 입장을 전달했다. 이틀 동안 한국 정부가 미국에게 요구한 사항은 다음과 같다. 우선 한국 정부는 먼저 미·북 판문점 회동을 공개로 전환하고 종래의 군사정전위원회처럼 남한을 포함한 각국 대표단을 포함시킬 것을 미국에게 요구하였다. 또한 미국은 북한으로부터 앞으로 어떠한 도발 행위도 저지르지 않겠다는 확약을 받아야만 하며, 이러한 사태가 앞으로 반복되면 미국과 한국이 공동으로 보복 조치를 취할 것이라는 약속 또한 미국이 한국 정부에게 할 것을 요구했다.[106]

즉 1월 31일부터 2월 3일까지의 한국의 미국에 대한 요구사항을 종합하면, 이 시기를 기점으로 한국의 대미 전략이 다소 수정된 것으로 보인다. 즉 피납 사건 일주일 동안 미·북 간 직접 협상을 강력히 반대하는 태도에서, 미·북 회담을 수용하되 한국이 미·북 회담에 영향을 미쳐 문제 해결에 적극적으로 관여하는 전략으로 전환한 것으로 보인다. 아울러 회담의 공개화를 요구하고 북한의 유엔 참여를 저지함으로써 북한의 안보 위협에 대한 국제적 여론 확산을 주도하겠다는 방침을 정한 것으로 보인다.

한국의 이러한 전략은 2월 5일 한국 외무부 미주국의 윤하정 국장이 주한미대

105 "북괴, 유엔 초청 반대," 『동아일보』 1968년 1월 31일; 『조선일보』 1968년 2월 1일. 윤민재, "푸에블로호 사건과 한미관계," 『사회와 역사』 제85집 한국사회사학회(2010), 253쪽에서 재인용.

106 『조선일보』 1968년 2월 7일.

사관 참사관을 불러 진행된 1.21 청와대 기습사건과 푸에블로호 피납 사건을 해결하는 과정에서의 한미 간 의견대립 조정과정에서 확인할 수 있다. 당시 윤하정 국장은 미국에게 3가지 사항을 요청했다. 첫째, 판문점 회담을 공개할 것, 둘째, 한국 대표를 참석시킬 것, 셋째, 무장공비의 서울 침입 사건을 푸에블로호와 동등하게 또는 동등 이상으로 취급할 것 등이 그 내용이다.[107]

다. 베트남 파병과의 연계전략으로 국방력 강화

당시 한국이 미국과의 협상을 통해 가장 중요한 목표로 설정한 것은 국방력 강화였다. 당시 박정희 대통령은 1.21 청와대 기습사건과 푸에블로호 피납사건을 계기로 국방력의 취약성을 인지하고 이를 보완하기 위해 고심했다. 한국 정부는 국방력 강화를 위해 두 가지 정책 방향을 설정한다. 자주 국방력 강화와 주한미군의 유지였다. 하지만 위 두 사건을 통해 미국의 안보공약 준수 의지에 대해 의문을 품게 된 박정희 대통령은 장기적으로 불확실한 주한미군 주둔에 절대적으로 의지하기보다는, 만약의 상황에 대비해 자주 국방력 또한 획기적으로 강화할 필요가 있다고 판단한 듯하다.

하지만 자주 국방을 구축하기 위해서 상당한 기간과 자원이 소모되는 만큼, 한국 정부 입장에서 미국과의 안보협력 강화는 여전히 중대하고 필수적인 국가의 사활적 정책 사안이었다. 이러한 필요를 고려해 한국 정부는 미국의 양보와 지원을 견인하기 위해 베트남 파병 문제를 전략적으로 활용한다. 즉 파병 문제로 미국을 압박해 양보를 얻고자 한 것이다. 당시 한국 정부는 미국이 한국의 파병 철회 가능성을 차단하기 위해 더욱 강화된 안보협력 의지와 실천조치를 취할 것

107 윤하정, 『어느 외교관의 비망록』(서울: 기파랑, 2011), 41-43쪽.

이라 기대했다. 한국 정부의 전략적 태도는 아래 내용과 같이 사건 초기 박정희 대통령이 2월 3일 존슨 대통령에게 보낸 친서에 잘 드러나 있다.[108]

> …… 한국의 방위 태세를 확고한 반석위에 있게 함으로써 월남에서 싸우는 국군 장병의 높은 사기를 유지할 수 있고 한국의 안전보장에 대한 확신을 한국 국민에게 줄 수 있어야만 한국 정부로서도 안심하고 월남에 있어서의 정치, 군사 등 모든 분야에 있어서 귀국과의 공동 노력에 더욱 강화해 나갈 수 있을 것입니다.

당시 외무부는 한미동맹과 공동방위태세를 강화하기 위해 「북한특공대 침입에 처한 대미 교섭요강」이라는 미국과의 협상계획안을 작성하였다. 대통령에게 추후 건의된 이 계획안의 주요 내용은 다음과 같다. "1)대한 군원을 시급히 최대한 증가하는 방향에서 한국군의 무기 장비 증강과 현대화, 2)자체 방위 능력 강화를 위하여 병기와 장비의 자체 생산 공장과 시설의 지원, 3)증가가 예상되는 북한 무장가첩 및 게릴라 공세에 대비하여 대간첩 작전을 위한 장비 지원 및 향토 예비군 무장지원, 4)한미공동방위를 위한 체제의 확립과 한미 간의 상시적인 기구 설치, 5)이상의 교섭을 위한 미국 대통령 특사 파견제의"였다.[109]

이와 관련해 외무부는 2월 밴스 특사의 방한 임무를 다음과 같은 2가지로 예상했다. 첫째는 최근 일련의 한반도 위기 사건과 관련한 한미 간 이견과 혼선의 조정하는 것이고, 둘째는 무장 공비 등 한국의 안전을 위협하는 요소들을 제거하고 이에 대처하는 공동방안을 마련하자는 것으로 파악했다. 한국 정부는 북한의 도발 양상에 대처하여 한미상호방위조약의 운영이 현실화되어야 함을 강조하는

108 "Telegram from Johnson to Park," February 4, 1968, National Security File, Box 5, LBJ Presidential Library.

109 윤하정, 『어느 외교관의 비망록』, pp. 39-41; 양준석, "1968년 푸에블로호사건 초기 한국정부의 미국에 대한 대응전략," 170쪽.

방향의 대응 전략을 마련했다. 그리고 미국을 설득하기 위해 한미상호방위조약의 발효 조건이 조약의 체결 당시와 비교할 때 너무나 엄중해 졌다는 점을 특별히 강조할 계획이었다.[110]

이에 따라 한국은 밴스 특사에게 상호방위조약에 자동 개입 조항을 추가할 것을 강력히 요구하는 등 미국의 방위 공약을 확고히 하려고 하였다. 이러한 한국의 전략은 1968년 2월 외무부는 한·미 상호방위조약을 보완하기 위해 1954년 11월 서명한 한·미 합의의사록의 수정을 추진키로 하고 여기에 포함해야만 할 내용으로 아래 사항을 검토한 사실에서 알 수 있다.

〈표 5〉 1968년 한미 상호방위조약 개정 검토 내용[111]

1. 1968.2월 외무부는 한·미 상호방위조약을 보완하기 위해 1954.11월 서명한 한·미 합의의사록의 수정을 추진키로 하고 여기에 포함시킬 내용으로 아래 사항을 검토함.
   ① 공산군 침략 시 즉각적 반격
   ② 비정규군에 의한 도발시의 보복
   ③ 1969~71년 회계연도 간 3억달러 이상의 추가 군사원조 제공
      - 팬텀 전투기 매년 2개 대대씩 총 6개 대대
      - 예비군 100만 명분 소화기(연도별로 40만, 30만, 30만 무장)
   ④ 군사장비의 국내 생산 촉진
   ⑤ 미국 육, 해, 공군의 한국 영토 및 주변 배치 시 사전 협의
   ⑥ 양국 외무, 국방장관 연석회의의 연례화
2. 이와 관련하여 외무부는 미국과 필리핀의 공동방위체제가 미군의 즉각 개입을 전제한다는 관측이 있어 현지공관에 사실관계 확인을 지시함.

110 「1.21 무장공비침투 및 Pueblo 납북사건, 1968-1969」 제1권 기본문서철, 1969, 분류번호: 729.55 1968-1969 V.1, 등록번호: 2662. 외교사료관.

111 외교부 조약과, 미·북2과 「한·미국간의 상호방위조약 개정을 위한 검토, 1968」 외교사료관 〈http://diplomaticarchives.mofa.go.kr/new/open/view.jsp〉

당시 박정희 대통령은 1968년 2월 7일 경전선 개통식에서 '자위를 위한 중대 선언'을 통해 250만 '향토예비군'의 창설을 선언하였고, 2월 16일에는 이중 100만명을 무장시킬 것이라고 공식적으로 밝혔다.[112] 하지만 자주국방력 강화 조치는 단기간 달성되기 어렵고 그 핵심인 한국군 현대화 작업에는 미국의 도움이 반드시 필요했다.

따라서 한국은 자주 국방력 달성 이전까지 국방력의 공백을 방지하기 위해 가급적 주한미군의 감축이나 철수를 연기하고자 했으며, 동시에 미국으로부터 더 높은 수준의 군사 원조를 확보하고자 하였다. 이러한 한국의 전략적 필요는 4월 개최 예정이었던 한미정상회담 준비과정에 고스란히 투영되었다. 당시 한국 정부는 주미 한국 대사가 보낸 아래의 전문과 같이 미국이 정상회담에서 다루고자 하는 의제에 대한 정보를 수집한다. 그 결과 존슨 대통령이 한국뿐 아니라 아시아-태평양 정세의 전반과 특히 베트남 문제를 논의할 가능성이 높다고 예상했다.

> 회담 직전 주미 대사가 보낸 전문에 의하면 당시 미국의 국무장관과의 면담에서 미국 측은 정상회담에서 아시아의 전반적 상황, 한국정세, 베트남전쟁 상황 등을 논의할 것이라고 했다. 하지만 한국 대사는 밴스 특사의 방문 당시 한국이 건의한 사항에 대한 미국의 대책에 대해서도 논의를 희망한다는 뜻을 전함.[113]

한미정상회담에서 한국이 설정한 목표와 전략은 당시 한국 정부가 작성한 한미정상공동선언문 초안을 통해 간접적으로 확인할 수 있다. 당시 초안을 보면 한

112 향토 예비군은 그해 4월 대전에서 공식적으로 발족하였고, 이를 무장시키기 위해 한국은 M-16 자동소총 공장을 한국에 건설하기로 미국과 합의하였다. 신욱희 외, 『데탕트와 박정희』, 서울대학교 국제문제연구소편(서울: 논형, 2010), 56-57쪽.

113 「박정희 대통령 미국방문, 1968.4,17-19」 제1권(기본문서철) 분류번호 724.11us, 등록번호 2577, 외교사료관.

국은 미국에게 상당히 높은 수준의 안보 공약을 요구할 계획을 가졌던 것으로 파악된다. 정상선언문 초안을 보면 한국 정부의 목표는 분명했다. 이를 위해 한국은 미국과의 협상을 통해 다음 사항을 합의하고 이를 선언문에 반영하고자 하였다. 그 주요 내용은 다음과 같다.

먼저 한국 정부는 한미 정상 간 논의의 핵심은 한반도 문제가 되어야 하며, 따라서 한국 안보에 대한 양국의 단호한 의지가 서두에 강조되어야 한다는 점을 전제로 한 것으로 보인다. 그리고 정상회담에서 한국이 추구하는 가장 중요한 목표는 한국의 안보를 강화하는 것이고, 이를 위해 아래의 〈표 6〉과 같이 몇 가지 세부 합의를 염두에 둔 것으로 보인다.[114]

〈표 6〉1968년 한 · 미정상회담 공동성명서 한국 측 초안 내용의 재구성[115]

① 한국군 현대화를 위한 미국의 의지와 지원 약속을 얻어내고, 이와 별도로 미국의 추가 군사 원조를 확보한다.
② 최소한 현 병력 수준의 주한미군을 유지한다는 존슨 대통령의 약속을 받는다.
③ 1953년 한미 상호안보조약에 따라 한국에 대한 북한의 공격 시 이에 미국이 자동 개입한다는 의지를 미국으로부터 확인한다.
④ 한국에 대한 핵공격에 미국이 핵무기로 신속하게 보복한다는 명시적인 핵우산 정책을 미국으로부터 확약 받는다.
⑤ 한국의 경제자립을 지속적으로 추진하기 위해 미국의 경제지원을 확보한다.
⑥ 정상회담의 합의를 실현하기 위해 한미 국방부간 각료급 회담을 4월말에 개최한다.

114 당시 한국 외무부가 작성한 영문 정상선언문 초안에는 정부의 이러한 기대가 잘 포함되어 있다. 당시 작성된 영문 내용의 주요 사항을 소개하면 다음과 같다."...President Johnson reassured the United States forces continued stationing in Korea with the present level of forces to assist the republic of Korea's struggle against communist aggression under the Mutual Defense Treaty of 1953 between the Republic of Korea and the United States....President Johnson further declared that United States will be prepared to effectively and instantly counter any possible communist attack with nuclear weapons against the Republic of Korea....「박정희 대통령 미국방문, 1968.4,17-19」 제1권(기본문서철) 분류번호 724.11us, 등록번호 2577 외교사료관.

115 〈표 6〉의 내용은 위 문서의 내용을 한국의 목표 형식으로 저자가 재구성한 것이다.

한국 정부의 이러한 기대는 대부분 충실히 달성되었다. 특히 1965년 박정희 대통령과 존슨 대통령 간 정상회담 및 1968년 2월 밴스 특사 방한 당시 한미 간 협상 내용과 비교할 때, 미국의 한반도 방위 공약 차원에서 한층 더 강화된 내용이 포함되어 있다. 주한미군의 감축은 합의하지 않았으며 한국군 현대화 작업에 대한 미국의 지원을 확약 받았다. 반면 베트남에 추가 파병을 하지 않아도 되는 등 한국이 지불해야 할 내용은 거의 없었다고 평가할 수 있다. 아울러 국방부 간 각료급 회담의 개최 결정은 이후 한미 동맹의 안보 협의에 중요한 전기를 마련한 것으로 평가할 수 있다.

3. 미국의 협상전략

미국 존슨 행정부가 한국과의 일련의 협상 과정에서 지향했던 목표를 종합하고 이를 대별하면, 당시 미국의 협상 목표는 세 가지인 것으로 추정할 수 있다. 첫째, 한미 협력을 통해 푸에블로호 생존자의 송환을 위한 환경을 조성한다. 둘째, 한국의 강경한 보복 의지를 진정시킨다. 셋째, 베트남전에 대한 부정적 영향을 차단한다. 당시 미국의 협상전략은 이들 목표를 달성하기 위한 방향으로 다양하게 구상되었다. 미국은 이러한 목표를 달성하기 위해 최우선적으로 한국의 박정희 대통령이 북한에 대한 군사 보복을 하지 않도록 설득하고, 나아가 베트남전에 파병중인 한국군의 철병을 저지하고자 하였다.

가. 박정희 대통령 설득하기

푸에블로호 피납 사건 직후 미국 존슨 행정부는 무엇보다도 한국이 북한에 대한 대규모 군사 보복을 강행하지 않을까 우려하고 있었다. 존슨 행정부는 미국 정부가 의도하지 않은 한반도 분쟁에 미국이 연루되는 것을 회피하고자 했다. 당시 미국의 동북아 지역의 안보 전략 목표는 동 지역에서 제2의 베트남전의 발발을 억제하는 것이었다. 나날이 악화되는 베트남전 상황을 고려할 때 미국이 동아시아에서 2개의 전쟁을 수행하기에 역부족이었을 것이다. 아울러 미국 내 반전 여론의 급상승 또한 존슨 행정부가 간과하지 않을 수 없는 상황이었다.

만약 한국 정부가 미국과 상의 없이 단독으로 북한에 대한 무력 보복 공격을 강행하고 이로 인해 남북 간 확전의 상황이 도래한다면, 미국은 한미 상호방위조약에 따라 자동적으로 참전할 수 밖에 없는 상황이었다. 이 경우 미국은 불가피하게 본국 예비 병력과 주일 미군, 그리고 아마도 베트남전에 파병중인 미군 일부를 한반도로 이동해야 하는 상황을 맞이할 수도 있었다. 이러한 상황은 결국 소련과 중국의 참전을 유도해 결국 동북아에서 강대국 간 열전의 촉발을 야기 할 수도 있었다. 이처럼 당시 미국은 한국의 단호한 대북 보복 의지가 현실화 될 경우의 부정적 파급효과를 대단히 우려할 수 밖에 없는 입장에 있었다.

이러한 우려는 전술했던 1월 29일 미 행정부가 확정한 푸에블로호 피납 사건 대응의 세 가지 목표 설정에 고스란히 반영되었다. 당시 존슨 행정부는 사건의 해결 과정에서 한국 정부의 군사적 대응을 자제시켜 한반도에서 제2의 한국전쟁을 방지하는 것을 최우선 과제 중 하나로 설정했다. 그리고 미국의 전략적 인식과 목표는 이후 한국과의 협상전략에도 고스란히 영향을 미치게 된다. 즉 한국 정부의 대북 강경 태도를 누그러뜨리고 미국과 협의 없이 북한에 대한 단독 군사행동을 하지 못하도록 하는 것이, 당시 한국과 협상에 나선 미국의 가장 중요한 협상 목표이자 전략이었다.

이를 위해 미국이 채택한 가장 중요한 전략은 바로 박정희 대통령을 달래는 것이었다. 당시 박정희 대통령이 한국의 최고 권력자이자 모든 정책 결정의 정점에 있음을 반영한 것이다. 북한과의 회담이 시작된 직후 미국 존슨 대통령이 직접 나서 박정희 대통령에 대한 유화적 메시지를 보내기도 하였다. 존슨 대통령은 푸에블로호 피납 사건 직후 개최된 기자회견에서 "나는 한국 대통령과 그의 판단을 대단히 존경하고 있다."고 박정희 대통령을 치켜세웠다.[116] 일주일 뒤 존슨 대통령은 "…… 푸에블로호 사건 처리와 관련한 미국과 북한의 협상에 관한 모든 내용을 한국에 알리겠으며, 박정희 대통령이 불굴의 지도력과 진정한 우정과 동맹으로서의 신뢰를 가지고 있다"는 칭찬 일색의 친서를 박정희 대통령에게 보내기도 했다.[117]

주한 미국 대사 포터는 존슨 대통령의 친서에 대한 박정희의 반응을 미국에 타전하였고 그 내용은 다음과 같다. "박정희 대통령이 완전히 감동받은 것 같습니다...저는 지금처럼 박 대통령이 감화받은 모습을 본 적이 없습니다. 아주 가끔 그가 미소를 짓는다든지 웃는 모습은 본 적이 있지만, 대통령의 서신을 받은 후 그의 감정이 무척이나 고양되어있는 모습은 좀처럼 대하기 힘든 모습입니다."[118]

전술했다시피 미 국무부는 포터 대사에게 미국은 한국 정부에게 상당한 액수의 군사 원조의 추가 인상을 고려중이며, 조만간 구축함 두 대를 한국에 인도할 것을 발표할 것이라는 점을 박정희 대통령에게 알릴 것을 이미 지시한 상황이었다. 그리고 이 사실은 오로지 박정희 대통령 본인만 알고 있어야 한다는 점을 주지시키도록 명령한 적도 있다.[119] 이는 사실상 당시 미국 정부가 박정희 대통령을

116 "Transcript of press conference," February 3, 1968, National Security Council, Boxes 31-33, LBJ Presidential Library.

117 "From Johnson to Park," February 4, 1968, National Security Council, Boxes 33, LBJ Presidential Library.

118 "Telegram From the Embassy in Korea to the Department of State," February 4, 1968, *FRUS*, 598-599쪽.

119 "Telegram From the Department of State to the Embassy in Korea," January 28, 1968, *FRUS*,

달래기 위해 한국에 대한 군사 원조액 인상안을 전략적으로 활용하고자 한 것으로 평가할 수 있다.

이렇듯 미국은 푸에블로호 피납 사건 발발 초기 한국에 대한 실질적인 물적 지원 이외에 정치적인 방식을 활용해 박정희 대통령 개인의 심기를 달래는 방식을 통해 한국의 대북 강경 태도를 진정시키고자 노력했다. 박정희 대통령에 대한 이와 같은 방식의 미국의 노력은 이후에도 다양한 내용으로 존슨 대통령에게 건의되었다. 대표적으로 2월 4일, 로스토우(Walt W. Rostow) 대통령 특별 보좌관은 박정희 대통령을 안심시키기 위해 당시 미국의 전략을 박 대통령에게 전달하는 것이 필요하다고 주장하며, 한국이 원하는 북한의 일련의 도발들과 추가 원조방안을 합쳐 조만간 양국이 논의하자는 의사를 빨리 전할 필요가 있음을 존슨 대통령에게 건의하기도 하였다.[120]

1968년 2월 2일, 미국과 북한과의 첫 번째 협상이 끝난 후 주한 미 포터 대사는 한국의 이후락 대통령 비서실장과 면담을 하고 그 내용을 국무부에 타전한다. 당시 전문 내용을 보면 미국은 북한과의 외교적 해결방침을 정한 이후에도 한국 정부의 대북 군사행동의 의지를 상당히 걱정한 것으로 파악할 수 있다.

> 한국 정부는 이날 아침 판문점에서 있었던 미·북 간 회담에 관하여 불편한 심기를 노출하였다. 하지만 향후 이 문제와 관련하여 한국에게 빠짐없이 알릴 것이며, 한국 정부와 협의를 거친 후에 북한과 접촉을 하겠다는 우리 측의 확약에 진정한 듯 보인다. 또한 호전적인 북한을 다루기 위해서는 판문점의 군사정전위를 통하여 접촉하는 것이 유익하다는 점을 설명하였다. 이후락 비서실장은 한국이 상당한 정도의 군사적

548-549쪽.

120 "Memorandum From the President's Special Assistant (Rostow) to President Johnson" January 28, 1968, *FRUS*, 541-542쪽.

> 계획을 완료했다는 사실을 언급했다. 하지만 이에 대해 본인은 아직 외교적 노력이 진행 중이며 현시점은 군사적 측면을 다룰 시기가 아니라고 대답했다. 그리고 박정희 대통령이 한국군의 단독 행위는 없을 것이라는 확약에 대해서도 경의를 표하였다. 우리 측의 집중적인 설득에 한국이 이전보다 훨씬 순응적인 태도를 보이고 있지만, 북한에 대하여 군사적 행동을 취하는 것이 바람직하다는 그들의 판단은 여전히 분명했다.[121]

미국의 박정희 대통령 달래기와 설득은 밴스 특사의 방한 중에도 중단 없이 진행되었다. 특히 밴스 특사는 강경한 박정희 대통령을 설득하기 위해 미국의 국내 정치 문제를 활용하기도 하였다. 1967년 12월, 박정희 대통령이 포터 대사에게 선거를 앞둔 존슨 대통령을 돕고 싶다는 말을 한 것을 밴스 특사가 박정희 대통령에게 상기 시켰던 것이다. 즉 1968년 2월 박정희 대통령이 공동성명의 발표를 거부하자 밴스 특사는 박정희 대통령에게 "1968년은 대통령 선거의 해"임을 노골적으로 언급하며, 박정희 대통령의 정치적 호응을 촉구한 것이다.

밴스 특사와 박정희 대통령의 면담 이후 한국 정부가 미국에 대한 노골적인 불만을 표명하는 일은 잦아들었지만, 미국은 계속해서 박정희 대통령의 의중을 의심하고 우려하고 있었다. 따라서 미국은 당시 진행 중이었던 북한과의 협상에 대한 자세한 내용을 한국 정부에 전달하지 않았다. 북한과의 협상 내용에 대한 한국 정부와 국민들의 반발을 우려했기 때문이다. 추후 공개된 미국의 기밀문서에는 이러한 미국의 고심이 잘 드러나 있다.

1968년 2월의 한미협상이 협상을 끝난 후 미국으로 돌아간 밴스 특사가 존슨 대통령을 만난 자리에서 오간 대화에는 미국의 박정희 대통령 개인에 대한 의구

---

121 "Telegram From the Embassy in Korea to the Department of State," February 2, 1968 *FRUS*, 579-580쪽.

심이 분명히 표현되어 있다. 미국 문서를 보면 당시 밴스 특사는 "박정희 대통령이 한국을 완전히 통제하고 있으며, 아무도 그가 듣기 싫어하는 바를 말하려 하지 않는다고"라고 보고했다. 아울러 "박정희 대통령은 감정적이고 변덕스러우며 술을 심하게 마시고 있다."라고 말하면서 '위험하고 다소 불안정한 사람'이라고 평가했다. 이는 당시 미국 정부가 한국 정부를 위태롭고 불안정한 시각으로 보고 있으며, 그 핵심으로 국정을 장악하고 있던 박정희 대통령의 개인적 성향에 주목했던 점을 확인할 수 있다.[122]

푸에블로호 피납 사건이 발발한 지 한 달 동안 미·북 간 8차례의 협상이 진행되었다. 2월 23일 당시 주한 미 대사관이 미 국무부에 보낸 전문을 보면, 당시 미국이 일본과 소련 정부에게 보낸 미·북 회담 관련 자료가 한국에게 전달한 것보다 더 광범위하고 자세했다는 점을 알 수 있다. 당시 미국은 박정희 대통령과 총리에게 미·북 회담의 주요 사항만 전달하라는 훈령을 주한 미 대사관에 내렸다.[123] 하지만 본국의 지시에 대해 주한 미 대사관은 이러한 사실을 한국이 눈치채는 경우 한국 정부가 엄청나게 분노할 것이라고 우려했다. 이러한 사실은 그동안 미국이 한국 정부에게 북한과의 협상 상황을 충실히 전달하겠다는 약속을 사실상 지키지 않았음을 반증한다.

당시 미국은 북한과의 8차례 협상을 진행했지만, 미국의 사과를 요구하는 북한의 강경한 입장으로 인해 회담은 점점 교착상황으로 진입하고 있었다. 이에 국무부는 외교적 관여를 강화하는 내용의 전략을 고려하기 시작했고, 2월 22일 한

122 "Notes of the President's Meeting With Cyrus R. Vance," February 15, 1968, *FRUS*, 376-384쪽.

123 "Telegram From the Embassy in Korea to the Department of State," February 23, 1968, *FRUS*, 538-639쪽.

국의 미 대사관에 이를 자세히 설명한다.[124] 이때는 밴스 특사와의 회담에서 이미 박정희 대통령이 미국 측에게 외교적 관여에 대한 부정적 의사를 강력히 피력한 직후였다. 따라서 주한 미국 대사관은 이러한 국무부의 입장에 대해 우려를 표명했다. 미 대사관은 북한에 대한 외교적 관여의 강화가 한국의 근심과 혼란, 그리고 복수하고자 하는 욕구를 완화시키지는 못할 것이라고 강조했다. 만약 북한이 3월에도 도발 행위를 계속한다면, 한국 정부는 승무원들의 귀환 여부와 상관없이 북한에게 복수의 반격을 할 수도 있음을 경고하기도 하였다.[125]

이러한 미 대사관의 평가와 분석은, 한미 협상 이후에도 박정희 대통령과 한국 정부는 여전히 미국의 유화정책에 대한 강한 불만을 가지고 있었다는 점과, 자칫 한국 정부가 북한에 대한 강경 보복을 강행할 수 있다는 우려를 여전히 미국이 하고 있었음을 확인해 주는 것이다. 당시 상황을 기술한 미국 자료에는, 박정희 대통령은 "미국이 푸에블로호 사건에만 관심이 있고 북한의 도발에 대해서는 지나친 인내심을 가지고 있다"고 기술되어 있다.[126] 이는 박정희 대통령이 밴스 특사와의 약속 이후에도 미국의 태도에 여전히 불만이 많았고, 이를 이유로 한국에 대한 미국의 의구심은 누그러지지 않고 있었음을 의미한다.

한미정상회담이 개최된 4월에도 주한 미 대사관은 한국이 여전히 북한에 대한 호전적 태도를 견지하고 있다고 평가하고 있었다. 미 대사관은 박정희 대통령

124 당시 이를 마련한 카첸바흐(Nicholas Katzenbach)가 보낸 미국의 외교적 관여책은, 중립적인 조사위원회의 별도 구성, 소련의 적극적인 중재 노력 요청, 북한과 교역중인 일본과 영국의 협조를 구하는 내용이었다."Telegram From the Department of State to the Embassy in Korea," February 22, *FRUS*, 635-637쪽.

125 "Telegram From the Embassy in Korea to the Department of State," February 23, 1968, *FRUS*, 637-640쪽.

126 "Memorandum for the President," Korea vol 1, President Park Correspondence, National Security File, 1968. 2. 20, Box 258, LBJ Presidential Library.

이 1.21 청와대 기습사건으로 인한 충격의 영향을 여전히 받고 있다고 분석했다. 그리고 박정희는 북한이 또 다른 도발을 강행할 것이라 예상하고 있으며, 푸에블로호 사건에 대한 미국의 반응에 대해 매우 실망스러워하고 있음을 강조했다. 이러한 상황 속에서 박정희 대통령을 비롯한 한국의 유력 인사들은 북한에 대한 보복을 위해 일부러 북한의 또 다른 도발을 오히려 기다리고 있을지 모른다고 주한미 대사관은 분석하고 있었다.[127] 이러한 기록들을 종합하면 미국은 한미 간 협상이 진행되는 내내 박정희 대통령의 강경 보복 의지를 의심했고, 반대로 박정희 대통령을 진정시키고 설득하기 위해 지속적인 노력이 필요하다고 판단했을 것이다.

나. 한국의 베트남 파병 철회 저지

푸에블로호가 나포되기 이전부터 미국은 수년간 한국에게 베트남전의 추가 파병을 여러 차례 요청했다. 이와 관련해 대체로 존슨 행정부와 한국 정부 간의 협의를 통해 한국 정부의 추가 파병 결정이 결정되었다. 한국의 파병과 관련한 한미 양국 협상 구조는 미국의 요청에 한국이 호응하고, 한국이 이에 대한 대가로 안보·경제적 대가를 획득하는 형식으로 진행되었다. 따라서 협상 구조상 대체로 한국이 교섭 능력의 우위를 점하였다. 반면 미국은 한국의 협조 거부를 염려하며 한국 정부에게 반대급부를 충분히 제공해야만 하는, 그리고 한국의 반대에 대한 대안도 내부적으로 마련해야만 하는 협상 구조상 다소 불리한 위치에 있었다.[128]

127 "ROKG Strategic Intentions and the ROK April 5 MND Plan," Pueblo Crisis, 1968 vol 21, 1968. 4.16, Box 37, LBJ Presidential Library.

128 이러한 상황은 1967년 대통령 특사단으로 방한해 한국에게 추가 파병을 요청했던 당시 클라크

이러한 상황을 파악하고 있었던 박정희 대통령과 한국 정부는 미국과의 관계에서 때때로 베트남 파병 병력의 철군 가능성을 시사하며 미국을 압박하기도 했다. 선술한 바와 같이 푸에블로호 피납 두 달 전 박정희 대통령은 미국이 한국에 대한 안보 지원을 더욱 강화한다면, 베트남에서의'한국군 철수'는 불필요하다고 언급한 적이 있다. 즉 푸에블로호 피납 사건 발발 이전에 이미 한미 간 한국이 베트남에 파병중인 병력의 철군 가능성과 추가 파병 문제가 거론되고 있었다. 한미 양국 간 이러한 중대한 문제가 부각되고 있는 상황에서 1.21 청와대 기습사건과 푸에블로호 사건이 발발한 것이다.

이는 1968년 1월 말 기준 미국의 입장에서 베트남전과 관련한 국내외 정세가 상당히 불리하게 조성되었음을 의미한다. 당시 베트남 전황이 악화일로로 접어드는 상황에서 미국은 한국이 아닌 베트남전에 안보 자원을 더욱 집중해야만 하는 현실에 직면 했다. 하지만 북한의 연이은 도발로 인해 박정희 정부와 한국 국민은 자국의 안보 불안을 강력히 호소하며 오히려 베트남 파병중인 군부대를 철수할 가능성이 있었다. 또한 미국 국내 반전 여론의 증가로 인해 국내 차원에서 베트남전 소요 자원을 더욱 동원하는 것도 쉬운일이 아니었다. 이러한 대내외적 상황으로 인해 자칫 미국의 베트남전 수행 자체에 큰 차질이 빚어질 가능성이 부각 되었다.

따라서 미국은 한국에 대한 안보 위협에 더욱 능동적으로 대처함과 동시에 한국 정부의 베트남전 철병 동기를 약화시키기 위해 한국에 대한 다양한 지원을 고려한다. 미국이 고려했거나 실행에 옮긴 조치들은 크게 4가지 차원이었다. 먼저 미국은 당시 한국 정부가 예민하게 주시하고 있던 주한미군의 감축이나 철군에

클리포드(Clark Clifford)의 자서전에서도 확인할 수 있다. 클리포드는 푸에블로호 피납사건 당시 차기 국방부장관 내정자였다. Clark Clifford and Richard Holbrooke(1991), 448쪽.

대해 한국의 입장을 반영하였다. 둘째, 한국이 당장 필요로 하는 국방력 강화 차원의 다양한 지원을 신속히 제공하고자 했다. 셋째, 한국의 자주 국방력 강화를 위한 군 현대화 작업을 지원하고자 했다. 마지막으로 군사적 차원이 아닌 경제 원조 또한 지속 확대하는 방안이었다. 미국은 이러한 동맹 협력 강화 조치를 통해 한국의 대북 강경 분위기를 자제시키고, 나아가 베트남전에 미치는 영향을 차단하고자 하였다.

하지만 당시 미국의 한국에 대한 안보 공약 강화와 군사적 지원 약속들이 단순히 박정희 대통령을 비롯한 한국 정부를 달래기 위한 전략적 차원에 국한해 고려된 것만도 아니었다. 미국은 한국군의 현대화와 추가 군사 지원이 북한에 대한 전략적 효과도 있을 수 있음을 기대했다. 즉 북한이 도발을 하면 한국군의 전력이 증강되고 미국의 지원은 추가된다는 점을 북한 측이 분명히 인지하기를 기대했다. 아울러 당시 북한에 대한 중재역을 기대하고 있던 소련에게도 이러한 조치는 효과적일 수 있다고 미국은 판단했다.[129] 당시 소련이 실제 한국의 군사력 증강과 박정희 정부의 호전적 태도를 우려하고 있음을 미국이 주목한 것이다.

실제 미국은 한미정상회담을 앞두고 한국의 군사력 증진 방안에 대한 심도 깊은 논의를 내부적으로 시작했다. 국무부의 고위급 참모진들은 미국은 북한에게 외교적 압력을 지속해 북한의 추가 군사 도발을 막아야 할 뿐 아니라, 한국의 독자 군사행동 또한 적극적으로 막아야 한다고 대통령에게 건의했다. 따라서 이 두 가지 목적을 동시에 달성하기 위해서 미국이 한국의 자체 군사력을 강화하는 것이 효과적이라고 주장했다.

이상의 점들을 종합적으로 고려하면 당시 미국이 한국의 자체 군사력 강화 지

129 "Notes of Meeting," January 29, 1968, *FRUS*, 563-564쪽.

원을 결정한 배경에는, 한국의 파병 철회 가능성을 차단해 베트남전에 대한 부정적 영향을 차단하려는 직접적 목적뿐 아니라 북한과 소련에 대한 안보 전략적 효용 기대라는 간접적 효용에 대한 기대도 작동한 것으로 보인다. 그리고 이러한 노력이 외교적 방법으로 선원들의 석방을 추진하고자 하는 미 행정부의 노력에 대한 한국의 협조 또한 견인할 것이라 기대하고 있었던 것으로 보인다.[130]

130 "Note for Mr. Rostow: Near-term Strategy in Korea," Pueblo Crisis 1968, vol 7, March 3. 1969, Box 30, LBJ Presidential Library.

V. 한미 협상의 결과와 평가

1. 협상의 결과

푸에블로호 피납 사건과 관련해 한미협상은 북한에 대한 대응 방법을 둘러싼 한미 간 협의에서 시작되어, 하와이에서 개최된 한미정상회담에서 마무리되었다. 본 사건과 관련해 한미 양국은 미·북 간 승무원 석방 협상처럼 단일 의제에 국한해 협상을 진행하지 않았다. 따라서 한미 협상의 결과는 1968년 1월 23일 사건 발발 직후부터 한미정상회담이 열린 그해 4월 17일까지 진행된 한미 간 다양한 현안에 대한 양국 간 광범위한 논의와 합의의 내용을 포괄한다. 이러한 의미에서 본 사건과 관련한 한미 간 공식적 협의는 크게 두 차례 개최되었다. 2월의 밴스 특사 방한으로 인한 협상과 4월 한미정상회담이 그것이다.

먼저 1968년 2월 중순, 한국 정부는 밴스 특사와의 교섭 끝에 북한의 군사 도발 행위에 대해 강경히 경고하는 동시에 한국군 현대화, 미국의 군사원조 증가, 자주국방체제 구축을 위한 미국의 지원, 한반도 내 군사력 증가 및 억제력 강화 등에 합의하였다. 특히 양국 간 협력 강화를 위한 정례적 협의체로서 한미 간'국방각료회의'를 창설하기로 합의했다.[131] 또한 미국이 한국군의 현대화를 지원하기 위해 1억 달러를 특별지원하기로 합의했다. 아울러 북한의 군사 도발에 대응하기 위해 한국 스스로의 방어 능력 개선을 위해 한국은 향토 예비군 제도를 신설하고, 미국은 M-16소총 등 군사물자를 지원하기로 합의했다.

하지만 이러한 협상 성과에도 불구하고 애초 한국 정부가 강력히 요구했던 던

131 『한국외교 60년: 1948년-2008년』외교통상부 편 (2009), 129쪽.

몇 가지 사항은 결국 합의에 이르지 못했다. 가장 대표적인 의제는 바로 한미상호방위조약에 자동개입조항을 넣는 것이었다. 당시 밴스 특사는 자동개입조항이 미국의 행동을 도리어 제약할 수 있다는 이유로 이를 거부했다.[132] 따라서 한미 양국은 북한이 도발을 다시 강행하면 "한미상호방위조약에 따라 양국이 취해야 할 조치를 신속히 결정하여, 한국의 안보가 위협을 받는다고 인정될 경우 언제라도 이 문제에 대한 협의를 즉각 개시할 것을 재확인한다."는 약속을 하는 것으로 마무리했다.[133]

밴스 특사와의 회담을 통해 한미협의 사항 중 또 다른 주목할 만한 내용도 있다. 2월 15일 우리 외무부 장관은 외무부 공보관실을 통해 밴스 특사와의 협상 내용에 대해 이례적으로 해설문을 발표한다. 이 해설문 내용을 보면 당시 미국과 북한의 비공개 회담에 대한 한국의 불만을 일부 수용한 한미 간 협의 내용이 기록되어 있다. 당시 장관의 해설 중 주요 내용은 다음과 같다.[134]

> 오늘은 지난 15일(목요일) 발표된 한미 공동선언문의 내용과 그 배경에 관하여 설명드리고자 합니다. 판문점의 비공개 회의에 대해서는 미국 대표와 북괴 대표가 회의하는 것이라고 해석해서는 안되며, 군사정전위원회 수석대표 간 비공개회의라고 보아야 할 것입니다. 이점에 관하여서도 한미 간에 합의가 이루어졌습니다.…… 한미 양국은 이번 두 가지 사건의 발생으로 인하여 야기된 사태를 보는 관점에 있어서 처음 약간 달랐지만, 지금에 와서는 사태의 심각성을 인식하는 자세에 있어서 상당한 정도의 합의가 이루어진 것이 사실이고 또 사태가 보통 게릴라 활동이 아니고 방

132 이 문제와 관련한 당시 자세한 협상 배경은 다음 자료를 참고하기 바란다. 김동조, 『회상 80년: 냉전시대의 우리 외교』(서울: 문화일보사, 2000)

133 최희식, "한미일 협력체제 제도화 과정 연구:1969년 한미일 역할분담의 명확화를 중심으로," 『한국정치학회보』 45권 제 1호(2011), 292쪽.

134 "2.15일자 한미 공동성명에 대한 외무부 장관의 해설," 「1.21 무장공비침투 및 Pueblo 납북사건, 1968-1969」 제2권 기본문서철, 1969, 분류번호: 729.55 V.8, 등록번호: 2669. 외교사료관.

위조약이 적용될 수 있는 침략행위의 범주에 들어간다는 것이 이번에 확인된 것입니다. 이런 점에서"벤스"특사와의 회담은 성공했다고 봅니다.

위 성명서 내용을 해석하면, 당시 미국은 한국의 입장을 배려해 판문점의 미·북 비공개 회담을 국가 간 협상이 아닌 '군사정전위원회'의 수석대표간 비공개회의라고 한국과 의견을 조율한 것으로 보인다. 그리고 1.21 청와대 기습사건과 푸에블로호 피납 사건을 모두 방위조약이 적용될 수 있는 북한의 '침략행위' 성격이라고 해석함으로써, 이 또한 한국의 요구를 미국 측이 일부 받아들인 것으로 짐작할 수 있다.[135]

한미 양국은 4월에 다시 한번 중요한 협상을 시작했다. 한미 정상은 푸에블로호 피납 사건 발발 3달도 지나지 않아 하와이에서 정상회담을 개최하였다. 이러한 양국의 의지와 합의는 한미 공동선언문에 고스란히 채택되었다. 한미정상회담의 공동선언문은 총 4장 19항으로 구성 되어 있다. 본문 구성은 한국사태(Korea Situation), 베트남전, 아시아 태평양지역의 주요 문제 순이다.[136]

먼저 양국 정상은 2장 서두에서 1.21 청와대 기습사건과 푸에블로호 사건을 동시에 거론하면서 북한의 도발을 강도 높게 규탄했다. 선언문에는 "더 이상의 북한 공산주의자들의 침략 행위는 평화에 가장 심대한 위협이 될 것이다"라는 양국의 공통적인 안보 위협 인식이 기록되어 있다. 아울러 존슨 대통령은 "대한민

135 하지만 이러한 정부의 설명 내용은 한미 공동선언에 포함되지 않았다. 그리고 이 해설에 대한 미국의 추후 확인도 없었던 것으로 보인다. 따라서 이러한 외무부 장관의 설명은 어찌 보면 한미협상 내용에 대한 한국 측 해석이라고 볼 수 있는 여지가 있다.

136 1968년 4월의 한미 정상회담의 공동선언문의 국문과 영문 출처는 다음과 같다. "박대통령과 존슨대통령 간의 공동성명서," 「1.21 무장공비침투 및 Pueblo 납북사건, 1968-1969」 제1권 기본문서철, 1969, 분류번호: 729.55 1968-1969 V.1, 등록번호: 2662. 외교사료관; "Joint Communique," vol. 8, 1968. 4.18, Box 29-30, LBJ Presidential Library

국에 대한 무력 공격을 격퇴하기 위해 신속하고 효과적인 원조 제공을" 재확인하였다.

본 선언문에서 박정희 대통령은 "아시아에서 미군의 계속적인 주둔은 정의와 항구적 평화를 위해 필수적이다"라고 강조하였다. 미국의 주둔지역 범위를 한반도가 아닌 아시아로 지목한 것은, 미국의 동아시아 지역안보전략을 고려한 표현이었다. 선언문에서 존슨 대통령은 아시아인들의 열망과 기원에 따라 아시아의 안보와 안정을 위하여 미국은 계속적으로 노력하겠다는 강력한 의사를 피력함으로써 박정희 대통령을 안심시키려고도 하였다.

선언문에서 존슨 대통령은 "대한민국 국군의 계속적인 현대화의 필요성을 인정"하고 "한국에 대한 지속적인 후원과 이미 약속한 한국에 대한 군사적·경제적 지원을 아끼지 않겠다"고 약속했다. 아울러 한미 두 정상은 공동선언문에서 한국에 대한 적대적 공격행위에 대한 신속하고도 효과적인 지원, 한국의 예비군 창설, 5월 한미 연례 국방각료회의 개최, 한국군의 지속적인 전력 강화와 같은 한국 방위력 증강에 대한 중요한 내용들에 대한 합의를 공식적으로 발표하였다.

특히 정상회담을 통해 미국의 아시아 주둔 지속과 한국군의 전력 강화에 대한 지원 약속은, 사실상 1965년 박정희-존슨 대통령의 워싱턴 정상회담 합의를 재확인한 것으로 해석할 수도 있다. 당시 한미정상회담에서 한국군의 현대화에 대한 원칙이 합의된 후 서울에서 한미 간 정부 협의가 브라운 각서 형태로 발표된 바 있다.[137] 따라서 3년 만에 다시 만난 양국 정상이 과거 합의한 주한 미군의 주둔

137 1965년 한미정상회담 결과물로 양국 간 합의한 브라운 각서의 주요 내용은 다음과 같다. ①양국 간 협의 없이 주한미군이나 한국군을 감축하지 않는다. ②1966년 회계연도에 미국은 한국군 1개 사단의 장비 구입비 7백만 불을 추가로 지원한다. ③1966년 회계 중 군원 이관계획을 중단하고 군원이관에 포함된 물자를 한국에서 구입한다. ④한국군의 화력, 통신 및 기동성을 현대화한다. 신욱희, (2010), 159쪽.

문제와 한국군 전력증강을 위한 한미 협력을 재확인함으로써, 양국은 푸에블로호 피납 사건 이후 제기된 미국의 한국에 대한 방위공약의 신뢰 문제를 정리하고자 노력했다.

한미정상회담의 공동선언문을 통해서 확인할 수 있듯이, 1월 말 북한이 한국과 미국을 상대로 벌인 군사적 도발은 결국 한반도 인근과 한국지역에서 한미 동맹의 방위력 증강과 방위 태세를 강화하는 계기가 되었다. 특히 한국군에 대한 육성과 지원의 문제는 북한의 침공에 대한 억지뿐만이 아니라 유사 사태 발생 시 미국의 대응 전략의 선택 폭과도 관련된 중요한 의제였다. 이와 관련해 양국은 이후 북한의 대규모 남침에 대비한 주한미군이 비무장 지대 방어와 한국군의 해상을 통한 접근, 그리고 한국 북파공작원들의 지원이 포함된 프로그램등에 대한 상호 지원과 협력을 강화했다.[138]

2. 협상의 후속조치

한미 협상 결과의 후속 조치는 양국이 합의한 협상 내용의 이행 여부를 의미한다. 그리고 당시 협상에서 합의를 이루지 못했던 사항과 합의 후 상황 변화로 인해 관련 내용을 재협상 혹은 추가 협상한 내용 또한 광의의 후속조치에 해당한다. 푸에블로호 피납 사건으로 인해 전개되었던 한미 간 협상의 주요 내용은 베트남 파병, 주한미군 철수, 미국의 대한 군사 및 경제원조등 크게 3가지였다. 이들 의제들은 모두 푸에블로호 사건이 마무리된 1968년 12월 이후에도 오랫동안 한미 중요한 협의 사안이자 동맹의 숙제로 남겨졌다. 이들 의제 각각에 대한 후속 조치 여부를 이후 정세의 변화와 연계해 살펴보면 다음과 같다.

138 Mobley(2003), 84쪽.

가. 주한미군 감축과 철수 문제

푸에블로호 나포 당시 박정희 대통령은 베트남 철병 의제를 활용해 미국의 한국에 대한 방위공약 약화를 견제하고자 하였다. 그 중 대표적인 사안이 바로 주한미군 감축 및 철수 문제였다. 당시 박정희 대통령은 주한미군의 존재를 군사적 측면뿐 아니라 경제적 측면에서도 절실하다고 판단하고 있었다. 미군의 주둔으로 인해 국가 자원을 경제성장에 집중적으로 활용할 수 있다는 판단과 현실 때문이었다. 미국은 베트남 전쟁이 격화되는 상황에 동북아 지역의 안보 불안이 중첩되어 결국 동아시아 지역 전체가 불안정해지는 상황을 염려하지 않을 수 없었다. 따라서 1968년 4월 한미정상회담에서 주한미군의 계속적 주둔을 우회적으로 표현한 것은 한미 양국 모두의 전략적 필요에 의한 합의였다고 평가할 수 있다.

하지만 주한미군 주둔과 관련한 양국의 합의와 협력은 그리 오래가지 않았다. 미국 닉슨 행정부의 등장으로 인해 미국의 전략이 전환되었기 때문이다. 1969년 7월 리차드 닉슨(Richard M. Nixon) 대통령은 괌에서 아시아 국가들이 미국에 대한 의존도를 줄이고 자신들의 방위를 독자적으로 해결하도록 할 것을 선언하는'괌 독트린'을 발표했다.[139] 닉슨 행정부가 대외정책의 대전환을 위해 미중 관계 개선을 핵심으로 하는 데탕트 정책을 추진한 것이다. 미중 관계 변화는 미국과 중국 각각의 군사 동맹국이 위치한 한반도 문제에 대한 양국의 논의를 촉발했다. 당시 중국은 미국과의 회담에서 유엔 한국위원단과 유엔군사령부의 해체를 요구했다.[140]

이 당시 한국 정부는 닉슨의 새로운 외교안보 구상에 한국에 적용되지 않을 것이며, 한국이 베트남에 파병하고 있는 한 주한미군이 철수하거나 감축되는 일

139 『한국외교 60년: 1948년-2008년』 외교통상부 편(2009), 56쪽.

140 홍석률, "1970년대 전반 동북아 데탕트와 한국 통일문제: 미중 간의 한국문제에 대한 비밀협상을 중심으로," 『역사와 현실』(2001), 40-41쪽.

은 없을 것이라 기대하고 있었다. 박정희 대통령은 이러한 기대를 담아 미국의 새로운 행정부 출범 직후 닉슨 대통령에게 다음과 같은 내용의 친서를 보낸다.

> 작년 1월 21일 청와대 기습사건, 23일에 있었던 '푸에블로호' 납치사건, 또 다시 야기된 귀 해군 정찰기 격추사건 등...북괴는 견고히 구축된 16개의 비행장과 600대의 미그형 전투기를 보유함으로써 그 세력은 오히려 주한 한미 양국의 공군력을 월등히 능가하기에 이르렀고...장비 면으로 볼 때 오히려 한국군을 훨씬 능가하고 있다고 봅니다...북괴는...한국군 단독으로는 절대로 군사적 보복을 가할 수 없다고 믿고...본인은 적과의 군사력의 불균형에서 오는 적의 도발행위를 방지하고, 전면전쟁의 재발을 예방하며 …… 적의 기도를 봉쇄하기 위하여 최소한 북괴의 군사력과 대등할 정도의 우리의 군사력을 증강해야 한다고 생각하며...141

당시 박정희 대통령의 이러한 기대는 가능한 것처럼 보였다. 친서를 보낸 지 얼마 후인 1969년 8월 샌프란시스코에서 열린 한미정상회담에서 닉슨 대통령은 주한미군을 철수시키지 않을 것이라 말하며 박정희 대통령을 안심시켰다. 하지만 한국 정부의 기대와는 달리 닉슨 행정부는 출범 직후 주한 미군 철수 문제를 고려하고 있음을 공개적으로 밝혔다.[142] 그리고 닉슨 대통령 또한 한미정상회담 3개월 후인 그해 11월 핸리 키신저(Henry Kissinger) 국가안보보좌관에게 "주한미군 병력수를 절반으로 줄일 때가 되었다"며 연말까지 그 실행계획을 준비해 보고하도록 지시했다.[143]

닉슨 행정부는 1969년 12월 주한미군 철수 계획을 비공식적으로 한국에게 알

---

141 "닉슨 대통령에게 보내는 대통령 친서, 1969년 4월 26일," 서울대학교 국제문제연구소, 『대한민국 외교문서 자료집, 한미관계(71)』

142 1969년 6월, 미국 국방장관 레어드(Melvin R. Laird)는 하원 청문회에 출석해 주한미군 철수를 고려하고 있음을 증언한 바 있다.

143 신욱희(2010), 108쪽.

렸다. 주한 미 지상군 2개 사단 가운데 1개 사단을 철수시킨다는 것이 골격이었다. 닉슨 행정부는 데탕트로 인한 긴장 완화로 한반도에 소련과 중국이 개입하는 전쟁 발발 가능성이 크지 않기 때문에, 한국군의 자체 증강과 감축된 주한미군 병력만으로도 북한군을 충분히 방어할 수 있다고 판단했다. 이에 한국 정부는 주한 미국 감축 불가론을 기본 입장으로 하면서도 1970년 2월 특별위원회를 구성해서 이후의 대책 마련에 착수했다. 주한미군 철수 문제는 1970년 3월 NSDM 48에 의해 공식화되었다.[144] 푸에블로호 피납 사건으로 양국이 합의한 주한미군의 감축 불가와 계속 주둔 합의가 사실상 무력화된 것이다.[145]

나. 베트남전 한국의 파병 문제

푸에블로호 나포 당시 박정희 대통령뿐 아니라 한국 국내 여론은 국내 안보 환경 악화를 이유로 베트남 파병군의 철군을 거론하기 시작했다. 미국은 당시 베트남의 전황과 국내 반전 여론으로 인해 한국의 철군이 아니라 도리어 한국의 추가 파병 조치가 필요한 상황이었다. 따라서 푸에블로호 나포 당시 미국은 한국의 철군 의사를 좌절시킴은 물론 나아가 추가 파병을 위해서 노력해야만 했다. 한국 정부는 당시 미국의 이러한 전략적 필요를 인지하고 있었을 것이다. 따라서 한국 정부가 당시 미국으로부터 좀 더 높은 수준의 안보를 제공받기 위해 베트남 파병 문제를 전략적으로 접근했을 가능성은 충분하다.

144 본 문서는 1970년 3월 20일 작성된 『National Security Decision Memorandum 48』을 지칭한다. 동 문서의 핵심 내용은 닉슨 대통령이 1971년 말까지 한국에서 20,000명의 미군 병력을 감축(reduce)한다는 것이다. 본 문건의 전문은 6장에 다시 소개한다.

145 실제 주한미군은 1971년 3월부터 6만 1,000명의 병력 중 2만명이 감축되었으며, 1972년 4월 윌리엄 로저스(William P. Rogers) 미국 국무장관은 의회 증언을 통해 1975년부터는 한국에 대한 미국의 무상 군사 원조가 종료될 예정임을 밝히기도 했다. 『한국외교 60년: 1948년-2008년』 외교통상부 편(2009), 56쪽.

결과적으로 푸에블로호 피납 사건 발발 이후 베트남으로의 한국군 추가 파병과 한국의 철병 모두 단행되지 않았다. 1967년에 한미 간 한국군 1개 경(經)사단을 추가 파병하기로 합의한 바가 있었지만, 푸에블로호 피납 사건으로 인해 이 약속도 지켜지지 못했다.[146] 오히려 미국은 당시 추가 파병보다는 이미 파병된 한국군의 철병을 걱정해야만 하는 상황이었다. 하지만 결과적으로 한국이 철병을 하지 않았기 때문에, 미국의 한국에 대한 기존 군사·경제 원조는 중단되지 않았다. 오히려 한국의 철병 단행을 막기 위해 전술했다시피 한국에 대한 추가 지원이 결정되었다.

당시 1961년부터 1965년까지 5개년 동안 한국에 대한 미국의 군사 원조 총액은 8억 1,500만 달러였으나, 파병을 본격적으로 시작한 1965년부터 1969년까지 군사 원조액은 그 두 배가 넘는 16억 8,100만 달러에 달했다. 이중 적지 않은 금액이 한국군의 장비 현대화 부문으로 직접 투자되었다. 아울러 동기간 미국의 군사 원조 이관계획 또한 상당히 지연되었다.[147] 베트남 지역의 한국 병력의 지속 주둔은 1968년 한미 간 국방각료회의 창설 및 1971년 연례안보협의회 신설 등의 후속 조치와 함께 한미 양국의 군사협력을 강화하는 계기가 되었다.[148]

하지만 이후 닉슨 독트린은 주한미군 철수 문제와 더불어 한국군의 베트남 파병 문제에도 영향을 미쳤다. 미국의 닉슨 행정부는 집권 이후 베트남전 조기 종결을 중요한 대외정책 목표로 설정했다. 당시 베트남전으로 인한 미국의 재정 악

146 푸에블로호 피납 사건으로 한국이 철병을 단행하지 않음으로써, 당시 베트남에 파병된 한국군 규모는 5만명 수준을 유지하였다. 이후 1969년 C-46 승무원 12명을 증원한 것을 끝으로 더 이상의 추가 파병은 없었다. 1973년 베트남전쟁의 종식을 위한 파리평화협정의 체결에 따라 한국군은 완전히 철수하였다.

147 차상철(2005), 133-134쪽.

148 『한국외교 60년: 1948년-2008년』 외교통상부 편(2009), 39쪽.

화와 국내정치적 반발을 고려한 결정이었다. 닉슨 행정부의 이러한 결정은 그동안 베트남 파병을 협상 지렛대로 주한미군의 감축이나 철수 문제를 연계했던 한국 정부의 대미 협상전략의 효용이 급격히 감소했음을 의미한다.

닉슨 행정부가 베크남전 종전을 강력히 추진하면서 한국군의 파병이 한미협상에서 더 이상 중요한 전략적 함의를 가질 수 없었다. 아울러 주한미군 감축이 결정된 상황에서 한국 정부 또한 서둘러 파견된 병력을 귀환시켜 전력의 공백 상황을 대비해야만 했다. 결국 박정희 대통령은 1971년 2월 베트남에 파병된 한국군의 철수를 지시했고, 그해 4월부터 청룡부대를 시작으로 철병이 진행되었다. 이로써 푸에블로호 피납 사건 당시 한미 협력 사항이었던 한국군의 베트남 파병 문제도 주한미군 감축과 마찬가지로 닉슨 독트린의 영향으로 그 효력을 다하게 되었다.

다. 한국의 국방력 강화

푸에블로호 피납 사건으로 전개된 한미 협상의 주요 의제이자 한미 양국의 공통된 목표는 바로 한국의 국방력 강화였다. 한국의 국방력 강화는 주한미군 주둔, 미국의 군사 원조 확대, 그리고 한국의 자주 국방력 강화가 핵심이었다. 당시 한국 정부는 한국군의 현대화를 추진해 자주 국방력을 강화하고자 하였다. 이를 위해 미국의 지원은 반드시 필요했고, 최소한 자주국방력을 갖출 때까지라도 주한미군의 주둔은 필수적이라고 판단했다.

1968년 한미 양국은 한국군의 현대화와 전력증강 필요성에 공감했다. 협상 이후 한미 양국은 협의한 현대화 계획을 토대로'한국군 현대화 5개년 계획'을 준비했고 1971년 주한미군 제7사단의 철수와 맞물려 미국의 구체적인 지원이 단행되었다. 특히 1968년 4월 이후 3차례의 국방각료회의와 5차례에 걸친 연례 안보회의를 통해 한국 정부는 한국군 현대화 문제를 주 의제로 상정해 미국의 지원을 지속적으로 강조했고, 관련해 9차례에 걸쳐 실무 및 비공식 회담이 이루어졌다.[149]

한미 간 협상의 후속 조치로 먼저 단행된 협력 사항은, 1968년 2월 밴스 특사와의 한미가 협상을 통해 합의한 한미 국방각료회의의 개최였다. 당시 한미가 처음으로 합의했던 동 회의는 합의 직후인 1968년 5월 27일에 처음으로 개최되었다.[150] 이 회의에서 지난 협상에서 합의한 한국군 현대화 지원에 관한 구체적 협의가 진행되었다. 특히 북한 무장 간첩 진압체제 강화문제가 거론되어, 미국이 간첩 관련 정보 체제 및 간첩 진압 장비의 강화를 위해 500만 달러를 지원하는 것으로 양국이 합의하였다. 그리고 1979년 6월에 개최된 2차 국방각료회의에서도 한국군 방위 능력 제고를 위한 군사 원조 계획 등이 논의되었다.[151]

아울러 한미 간 협의한 바에 따라 한국 정부는 계획대로 신속하게 1968년 4월 1일 향토 예비군을 창설한다. 당시 박정희 대통령은 향토 예비군 창설 기념식 연설에서 한국의 국가적 과제는 자주국방과 경제건설이며, 한국 안보의 제1차적 책임은 어디까지나 한국에 있으며 그것이 한국 국민의 신성하고 절대적인 의무라고 언급하며 '자주국방론'을 본격적으로 주장하기 시작한다.[152]

한미 간 협의에 따라 미국이 약속했던 군수 물자 지원과 한국의 방위력 개선 작업 또한 신속히 진행되었다. 먼저 장비현대화 계획에 따라 1968년도에 새롭

149 육군본부, 『군수변천사』(계룡: 육군본부, 1996), 306쪽.

150 한미 간 국방부 각료 간 연례안보회의의 개최는, 기존에 미국주도로 한반도 안보문제가 결정되고 통보되는 방식에서 벗어나, 동맹정신에 입각해 한국정부의 입장을 반영할 수 있는 제도적 장치가 마련되었다는 점에서 중요한 의미가 있다.

151 최희식(2011), 292쪽.

152 당시 박정희 대통령의 연설은 다음 자료를 참조하기 바람. 「대한뉴스 제669호」(1968년 4월 15일) 〈https://www.ehistory.go.kr/page/view/movie.jsp?srcgbn=KV&mediaid=511&mediadtl=4074DH〉(검색일: 2021년 11월 11일)

게 도입된 장비는 장갑차(APC: Amored Personnel Carrier)를 비롯해 M48형 전차, M16 자동소총이며, 2개 기갑여단이 창설되었다. 육군은 미국으로부터 OH-23과 UH-1H 헬리콥터를 도입하여 1968년 10월에 육군 제 21항공기동중대를 창설하였다. 해군은 1968년에 구축함(DD)를 비롯하여 호위함(FB) 3척 등 총 8척의 군함을 도입하였고, 함정용 미사일 도입도 추진하였다. 공군에서는 극초단파 방공통신망으로 구성하고 전국의 레이더와 연결하여 방공체제의 중추 체계를 현대화하였다. 또한 F-4 팬텀 전투기를 도입하고 제3훈련비행단을 창설하였다.[153]

하지만 한미 협상 이후 미국의 군사 원조는 지속되었지만 전술한 바와 같이 닉슨 독트린으로 인한 주한미군의 감축이 현실화되자 한국 정부는 한미 협상의 후속조치로 자체적인 국방력 강화를 위해 노력하지 않을 수 없었고, 일련의 조치들을 신속하게 실행하게 되었다. 비록 닉슨 독트린으로 주한미군 주둔과 베트남 파병과 관련한 합의의 후속 조치는 직접적 영향을 받았지만, 한국에 대한 군사·경제적 지원 공약은 비교적 충실히 이행되었다.

1970년 2월 6일 한국의 최규하 외무장관과 포터 대사간에 한국군 현대화를 위한 15억 달러 규모의 대한(對韓) 특별 군사 원조에 합의하였다. 또한 연례 국방각료회의도 안보협의회로 확대하고, 그해 7월에 개최된 제4차 연례안보협의회에서는 한국군 현대화 계획에 대한 미국의 계속적인 지원을 재확인하였다.[154]

당시 박정희 대통령은 닉슨 행정부의 주한미군 감축과 철군 문제를 되돌리기 힘들다고 판단해, 이를 한국군의 역량 강화를 위한 계기로 활용하고자 한 것으로 보인다. 당시 박정희 대통령은 한미 간 협의 2년도 지나지 않아 주한미군 철수를

153 최정준, “1968년 북한의 군사도발이 한국의 국방력 강화에 미친 영향,” 『한국동북아논총』 제25권 2호(2020), 162-163쪽.

154 『한국외교 60년: 1948년-2008년』 외교통상부 편(2009), 130쪽.

진지하게 고려하는 미국에 대해 상당히 격앙되어 있었다. 하지만 주한 미 대사관이 1970년 8월 열린 박정희 대통령과 주한미국 대사 포터(porter)와의 면담 내용에 대해 국무부에게 보낸 비밀전문을 보면, 당시 박정희 대통령이 이 문제를 어떻게 접근하고 있는지를 확인할 수 있다.[155]

> 박정희 대통령은 미국 감축에 대한 협조나, 감축에 대한 한미협력을 완강히 거부하였습니다. 하지만 우리가 계속 압박을 가하자 현재 진행 중인 한국군 현대화 작업이 만족할 만한 수준에 이르기 전까지는 그런 계획을 실행하지 말 것을 국방부 장관에게 지시했다는 쪽으로 태도를 바꾸었습니다.…… 박정희 대통령에게 철군 문제를 제기하자, 그의 말투가 거칠어지긴 했지만 결심을 못하는 듯한 모습을 보였으며, 우리는 그의 협조여부와는 상관없이 미국의 결정은 그대로 실행된다는 사실을 분명히 주지 시켰습니다.…… 박정희 대통령은 미국 의회에서 한국군 현대화 문제를 호의적으로 검토할 수 있도록 분위기를 조성하는 것이 좋으며 …… 한국군 현대와 협의의 성과물이 없고 한국 국민에게 안보에 대한 보장이 있기 전까지는 병력 감축에 대한 어떠한 일도 이루어 질 수 없다. …… 만약 감축이 이루어진다면 한국에서 전쟁이 발발하지 않을 것이라는 '보장'이 반드시 있어야 한다. 그런 합의(agreement)가 이루어지지 않는 한 감축에 동의할 수 없다. 우리는 박정희 대통령에게 단독으로 마련한 감축안을 설명했습니다. 1970년 12월까지 5,000명을 감축하고, 1971년 3월까지는 8,500명을 추가 감축하며, 1971년 6월 30일까지 4,900명의 병력을 더 감축하는 내용이었습니다.

박정희 대통령은 자주 국방력을 강화하기 위해 방위산업을 본격적으로 육성하기 시작했다. 한국 정부는 후속 조치로 1968년 7월에 전투태세 완비 3개년 계

---

155 1970년 8월 3일, 윌리엄 포터 주한 미 대사가 미 8군 사령관 마이클리스(Michaelis)장군과 주한미군 철수 문제를 논의하기 위해 청와대로 박정희 대통령을 찾아갔다. 두 시간 동안 진행된 면담 결과를 포터 대사는 세 차례로 나누어 본국 국무부에 타전한다. "Telegram From the Embassy in Korea to the Department of State," August 4, *Foreign Relations of the United States*, 1969-1976, Vol. XIX, Part 1 Korea 1969-1972(Washington: United States Government Printing Office, 2006), 175-177쪽.

획 및 제 1차 방위산업정비 3차년 계획을 발표하여 방위산업 추진을 위한 중장기 계획에 착수한다. 이후 뜻대로 되지는 않았지만 일본과 유럽으로부터 차관 도입을 시도했고, 방위산업 육성을 중화학 공업 육성과 연계해 정부의 역점 정책으로 추진하고자 노력했다.[156] 특히 한국은 자주 국방력 강화 차원에서 1971년 9월 국방과학연구소를 창설하였다. 이후 한국 정부의 이러한 노력은 단순한 재래식 화기의 조립 생산에 국한되지 않고, 미사일과 핵무기 등 전략무기 개발을 추진하고 모색하는 단계로 진화되었으며, 이는 한미 군사동맹에 중요한 파급영향을 미치게 되었다.

3. 교훈과 시사점

1968년 발발한 푸에블로호 피납 사건은 한국의 외교 정책사에 중요한 교훈을 제공한다. 당시 한국 정부에게 이 사건은 상당히 충격적인 안보 도전이었음이 분명하다. 한국 정부는 사건 발발 불과 이틀 전 발생했던 1.21 청와대 기습사건으로 상당히 격양되어 있었다. 북한이 한국의 대통령을 직접 겨냥한 고강도 도발을 강행한 직후, 세계 최강대국이자 한국의 동맹국인 미국의 해군 함정을 무력을 동원해 나포함으로써, 한국 정부와 국민들은 심각한 안보 불안에 직면했다. 이미 북한이 제2의 6.25전쟁을 획책할 것이라고 강하게 의심하고 있었던 박정희 대통령과 한국 정부는 이러한 일련의 북한의 고강도 도발을 좌시하고 지나칠 수 없었다.

한국 정부는 1.21 청와대 기습사건과 푸에블로호 피납 사건을 연계해 북한에게 강력히 대응해야 한다는 입장이었다. 특히 한국 정부는 단독으로라도 강력한 보복을 통해 북한의 도발에 대한 책임을 묻고 향후의 도발 가능성을 적극적으로

156 김정렴, 『한국경제정책 30년사』(서울: 중앙일보사, 1995), 322-324쪽.

차단하고자 하였다. 한국 정부의 이러한 강경한 자세는 외교적 방법을 통해 사건을 해결하고자 하는 미국 존슨 행정부와의 긴장을 유발했다. 미국은 승무원들의 조기 송환이 일차적 목표였기에 북한에 대한 강경 대응은 자칫 이를 어렵게 만들 수 있다고 우려했다. 아울러 미국은 박정희 정부의 북한에 대한 강경 대응이 자칫 확전으로 이어지고, 이로 인해 미국이 원하지 않는 안보 위기에 연루될 수 있음을 경계하였다.

푸에블로호 피납 사건 초기 한미 양국은 이처럼 사건의 해석 및 대응과 관련해 이견을 노출했다. 따라서 이를 봉합하기 위해서라도 양국 간 신속한 협상이 요구되었고, 양국 정부는 이의 필요성에 공감하였다. 그 결과 2월 미국의 밴스 특사의 방한으로 한미 간 협상이 진행되었고 4월에는 미국에서 한미정상회담이 개최되었다. 아울러 양국은 두 회담을 전후로 본 사건으로 파생된 다양한 쟁점에 대한 다양한 방식의 협의를 이어갔다.

양국이 3달간 지속된 협상을 통해 다루고자 했던 쟁점은 첫째, 한국의 단독 보복 가능성과 미국의 우려, 둘째, 1.21 청와대 기습사건과 푸에블로 피납 사건의 연계 대응, 셋째, 미·북 간 직접 회담에 대한 한미 간 입장의 차이, 넷째, 주한미군과 한국의 베트남 파병문제 등 동맹 간 안보협력 의제 등이었다. 이러한 쟁점을 둘러싼 협의를 통해 한국은 무엇보다 미국으로부터 좀 더 강화된 안보 공약과 지원을 확약받고자 노력했다. 반면 미국은 한국의 단독 보복 의지를 진정시킴과 동시에 베트남전 파병 부대의 철군 가능성을 차단하고자 했다.

한미 간 협상은 결국 양국이 설정한 애초 목표를 각자 충실히 달성하는 방향으로 귀결되었다. 양국은 1.21 청와대 기습사건과 푸에블로호 피납 사건을 연계해 일련의 북한의 도발에 대한 공통된 위협 인식을 공유했다. 한국은 베트남전에 자국 병력을 추가로 파병하지 않았으며, 미국으로부터 주한미군 주둔 지속과 다양한 추가 군사·경제 지원도 약속받았다. 미국은 한국의 보복 의지를 진정시켰고 미·북 회담에 대한 한국의 묵인을 받아냈다. 무엇보다 베트남에서 한국군의 철병도 단행되지 않았다.

한국은 미국과의 협상을 통해 60년대 후반 급속히 고조되던 안보 위협에 능동적으로 대처할 수 있는 기반을 확보했다. 미국의 즉각적인 군수 지원과 주한미군의 주둔 약속을 얻어 냈으며, 북한의 도발에 대한 한국의 우려를 진중하게 미국에 전달할 기회도 얻을 수 있었다. 이와 더불어 한국의 미래 안보를 위한 중요한 계기도 마련했다. 무엇보다 한국의 자주국방을 강화할 수 있는 다양한 조치가 착수되었고, 한미 간 군사각료협의의 정례적 개최와 같은 동맹의 결속력도 강화하였다.

특히 당시 미국과의 협상 과정에서 한국 정부가 보여준 전략적 행보와 외교적 절제력의 효과 또한 주목하지 않을 수 없다. 한국 정부는 동맹국인 미국의 이익과 입장을 고려하면서도, 북한의 도발을 규탄하고 재발 방지를 위한 실질적 방책을 확보해야만 하는 어려운 처지에 직면했다. 대북 강경 분위기에 편승한 대북정책은 자칫 동맹 관계의 심각한 균열과 한국이 감당하기 힘든 확전의 위험을 야기할 수 있었다. 미국의 입장만을 고려하기에는 당면한 안보 정세가 상당히 심각했고 미래의 안보 불확실성이 너무 높았다. 따라서 당시 한국은 안보와 동맹이라는 두 마리 토끼를 모두 잡아야 하고, 현재와 미래를 동시에 고려해야만 하는 환경과 필요성에 직면했었다. 이러한 전략적 환경에서 위기를 극복하려는 한국의 노력을 동해 나음과 같은 세 가지 중요한 교훈을 확인할 수 있다.

첫째, 미국의 전략적 필요성을 활용한 실용적 외교 전략의 효과이다. 박정희 정부는 미국 정부가 베트남전과 관련해 대내외적으로 어려운 상황에 직면하고 있었음을 간파하고 있었다. 박정희 대통령은 사건 초기부터 베트남 파병 부대의 철수 문제를 거론하기 시작했다. 북한의 도발로 인해 한국의 안보가 심각하게 위태롭다는 합리적이고 긴박한 근거도 미국측에 제시하고 강조했다. 나아가 박정희 정부는 국민들과 조야의 강경한 대북 분위기를 활용해 북한에 대한 단독 보복 의지를 불사했다. 한국 정부가 파병을 철회할 수 있는 명분과 환경이 충분한 상황에서, 미국은 동맹국의 결심과 행동을 제지하기 위해 한국 정부의 요구에 최대한 협력할 수밖에 없었을 것이다.

둘째, 당시 한국 정부가 거시적 차원의 대응 전략을 고려했다는 점도 평가할 수 있다. 한국은 미국과의 협상 시 협상의 이슈를 푸에블로호 사건에만 국한하지 않았다. 애초에 한국 정부는 1967년 이후 급격히 증가한 북한의 군사적 도발들의 연장에서 피납 사건에 접근했다. 그리고 미국 정부에게 1.21 청와대 기습사건과 이 사건을 연계해서 대응하자고 끈질기게 요구했다. 이러한 한국의 노력으로 한미 간 협정내용에는 푸에블로호 피납 사건에 대한 입장에만 국한되지 않고, 동 사건을 포함한 북한의 도발 전반에 대한 규탄과 대응으로 구성되었다. 이로 인해 세계가 주목하는 미국의 푸에블로호 피납 사건과 더불어 한반도 안보 상황에 대해 국제적 여론이 환기되는 계기가 마련되었다고 볼 수 있다.

셋째, 한국 정부가 현재의 현안에만 집중하지 않고 장기적 차원에서도 미국과의 협상에 임했다는 점도 소중한 정책적 교훈이다. 한미 협상 과정에서 한국이 미국에게 줄곧 요구했던 사항은 자주국방에 필요한 군 현대화 지원, 한미 국방부 각료급의 정기협의체 창설[157], 한미상호방위조약의 적용 범위와 조건에 대한 문제였다. 이러한 사항들은 현재의 안보 필요와 미래의 안보 취약성을 대비한 장기적 관점의 요구였다. 특히 장기적 차원의 국방력 구축 노력에 많은 시간이 소요

157 이 당시 한·미 양국이 협의한 국방각료회의는 오늘날 한·미 안보협의회의(SCM)로 계승되고 있다. 2021년 12월 2일, 제53차 SCM이 한국에서 개최되었다.

된다는 점을 고려할 때, 당시 한국 정부가 목표 달성 전까지 주한미군의 주둔이 절실하고 불가피하다는 실용적 입장을 정립한 것도 중요한 전략적 교훈이다.

이상과 같은 한국의 외교사적 교훈뿐만 아니라 국제정치학 분야의 학술적 차원에서도 푸에블로호 피납 사건과 한미협상 사례의 시사점을 제시할 수 있다. 첫째, 푸에블로호 사건에 대응한 한미 간 협상은 서로 입장이 상이한 동맹국들이 공통의 안보 위협을 어떻게 극복하는지에 대한 전형적인 연구 사례로 평가할 수 있다. 특히 동맹국 간의 협상에서 통상 강대 동맹국이 협상에서 우월한 지위를 확보하는 일반 사례에 비추어 볼 때, 당시 상대적 약소 동맹국인 한국이 강대 동맹국인 미국과의 협상에서 적지 않은 협상 성과를 획득한 점은 예외적 연구사례로 중요한 의미가 있다.

둘째, 비대칭 동맹국 간에 강대 동맹국이 약소 동맹국의 안보적 행위에 연루(entrapment)될 수 있고, 강대 동맹국이 소위 '동맹국 제지'를 위해 정책자원을 수세적으로 활용할 수밖에 없었다는 점 또한 동맹국 간 관계에 대한 중요한 학문적 시사점이라 볼 수 있다. 즉 푸에블로호 피납 가건 사례는 비대칭 동맹내부의 방기와 연루의 딜레마가 발생한다는 기존 국제정치이론의 주요 주장뿐 아니라, 연루의 문제가 반드시 약소 동맹국에게만 발생하는 것이 아니라는 연구 질문도 제공한다.[158]

158 당시 미국 뿐 만이 아니라 소련 또한 연루의 문제에 직면했다 소련은 당시 김일성의 의도를 정확히 파악하지 못하고 있었으며, 북한이 자신들에게 충분한 정보를 제공하지 않는 점을 공개적으로 비난하기도 하였다. 아울러 당시 소련은 자칫 북한의 모험주의적 행동으로 인해 한반도에서 미국과의 분쟁에 연루될 수 있음을 북한에게 경고한 적도 있다. 1968년 4월 소련공산당 전당대회(CPSU Plenum)에서 브레즈네프는 북한의 푸에블로호 나포는 "국제 기준에서 볼 때 보기 드물게 가혹한 것(unusually harsh)"이라며, 북한의 행동을 비난하였다. Sergey S. Radchenko, *The Soviet Union and the North Korean Seizure of the USS Pueblo Evidence from the Russian Archives*, Cold War International history Project, Working Paper No. 47 (Washington, D.C.: Woodrow Wilson International Center for Scholars, 2006), p. 14.

셋째, 본 사례는 미국의 국가 대전략(Grand strategy)의 변화가 한미동맹에 미치는 영향과 관련해서도 중요한 의미가 있다. 닉슨 행정부의 데탕트 추진이라는 글로벌 외교 대전략(grand strategy)의 영향으로, 결국 1968년 형성된 한미 간 중요 협의 사항이 무력화되었다. 그리고 닉슨 행정부는 한반도에서의 연루의 회피와 중국과의 관계 개선을 위해 한국 정부에게 남북대화를 권유하였고, 방위비 부담 감소 차원에서 주한 미군의 규모 또한 조금씩 감축하였다. 하지만 이러한 미국의 한반도 정책은 이후 포드 행정부를 거치면서 재래식 방어 전략이 공세적으로 변화하고 한미연합사를 통해 연합지위체제가 강화되면서 다시 1968년 합의 내용처럼 재전환하게 되었다.[159] 이처럼 존슨-닉슨-포드 행정부 동안의 미국의 대외 전략 변화가 한미동맹 관계의 역동성을 제공하는데 중요한 동기가 되었음도 중요한 학문적 함의가 있다.

넷째, 비록 한국이 관여한 상황은 아니지만, 본 사례는 냉전기 미·소 초강대국이 지역 위기 시 어떠한 상호작용을 했는지에 관한 중요한 시사점을 제공한다. 냉전기 미·소 두 강대국은 직접적 군사 대결은 극도로 신중했지만, 다양한 지역에서 대리전 형태의 패권 다툼은 주저하지 않았다. 하지만 푸에블로호 사건 당시 미국과 소련은 각각 동맹국들의 무모한 모험주의와 이에 대한 보복이 초래할 확전(escalation)을 극도로 경계했다. 이러한 점은 양극 체제하에서 지배적 강대국들이 어떻게 블록내 영향력을 유지하려고 했는가에 대한 중요한 시사점을 제공한다.

당시 브레즈네프의 북한에 대한 공개 비난에 대한 자료는 우드로 윌슨 센터의 디지털 아카이브에 그 전문이 수록되어 있다. “SECRET SPEECH BY LEONID I. BREZHNEV CPSU CC PLENUM, 'ABOUT CURRENT PROBLEMS OF THE INTERNATIONAL SITUATION AND THE STRUGGLE OF THE CPSU FOR THE COHESION OF THE WORLD COMMUNIST MOVEMENT'〈https://digitalarchive.wilsoncenter.org/document/115813〉

159 신욱희(2010), 52-53쪽.

참고문헌

❖ 연구자료

가. 한국

『1.21 무장공비침투 및 Pueblo 납북사건, 1968-1969』 전8권, 1969, 분류번호: 729.55 1968-1969 V.2, 판문점 회담, 등록번호: 2663. 외교사료관.

『박정희 대통령 미국방문, 1968.4, 17-19』 전2권, 분류번호 724.11us, 등록번호 2577, 외교사료관.

『Vance, Cyrus R. 미국 대통령 특사 1.21사태 관련 방한 1968. 2.12.-15』 전2권, 1968. MF번호: C21-1. 외교사료관.

『한국외교 60년: 1948년-2008년』 외교통상부 편(2009).

『군수변천사』 육군본부 편(1996).

『동아일보』

『조선일보』

『중앙일보』

나. 미국

Foreign Relations of the United States, Vol. XXIX, Part 1 Korea(Washington: United States Government Printing Office, 2000)

Foreign Relations of the United States, 1969-1976, Vol. XIX, Part 1 Korea 1969-1972(Washington: United States Government Printing Office, 2006)

Manuscript collection(in the Dwight D. Eisenhower Library relation to Korea, V 10): Eisenhower D. Papers, Post-Presidential, 1961-1969

"Soviet Policy Toward North Korea and the Pueblo Incident," Pueblo Crisis 1968 vol 12, National Security File, 1968. 1. 24, Box 32, LBJ Presidential Library.

"USS Pueblo and North Korean Infiltration into South Korea," Pueblo Crisis vol 21, National Security File, 1968. 1.31, Box 37, LBJ Presidential Library.

"Report on the Meeting of the Advisory Group," 1968. 2.1, National Security File, Box 10, LBJ Presidential Library.

"Special Situation Report," Pueblo Crisis 1968, 1968. 2.1, National Security File, Box 29, LBJ Presidential Library.

"Development beyond the next meeting in Panmunjum," Pueblo Crisis 1968, 1968. 2.2, National Security File, Box 29, LBJ Presidential Library.

"North Korea Intentions and Capabilities with Respect to South Korea," Special National Intelligence Estimate 14.2-67, 1967. 9.21, National Security File, Box 5, LBJ Presidential Library.

"Intelligence Memo: North Korea's Military Forces," 1968. 2, Box 256, LBJ Presidential Library.

"North Korea Intentions and Capabilities with Respect to South Korea," Special National Intelligence Estimate 14.2-67, 1967. 9.21, National Security File, Box 5. LBJ Presidential Library.

"The Likelihood of Major Hostilities in Korea," Special National Intelligence Estimate 14.2-68, 1968. 5.16, National Security File, Box 5, LBJ Presidential Library.

"Intelligence Memo: North Korea's Military Forces," February 1968, National Security File, Box 256, LBJ Presidential Library.

"Intelligence Memo: North Korea's Military Forces," February 1968. National Security File, box 256, LBJ Presidential Library.

"Notes of President's meeting", April 30, 1968, National Security File, Box 256, LBJ Presidential Library.

“From American Embassy Seoul to State Department,” January 26, 1968, National Security File, Box 10. LBJ Presidential Library.

“From American Embassy Seoul to State Department,” February, 1968, National Security Council, Boxes 34-35, LBJ Presidential Library.

“FBI report,” February 6, 1968, National Security Council Histories, Boxes 29-30, LBJ Presidential Library.

“Telegram from American Embassy Seoul to State Department,” February 1, 1968, Boxes 34-35, LBJ Presidential Library.

“Infantry divisions in McNamara to Johnson,” November 25, 1963, Box 256, LBJ Presidential Library.

“From American Embassy Seoul to State Department,” December 7, 1967, National Security Files, Box 26, LBJ Presidential Library.

“Compilation of Statements Concerning USS Pueblo Incident,” National Security Council Histories, Vol. 13, Boxes 31-33, LBJ Presidential Library.

“ROK JCS Request in Air Force Chief of Staff memo to subordinate commands,” January 29, 1968, National Security Files, Boxes 263-64, LBJ Presidential Library.

“From American Embassy Seoul to State Department,” February 6, 1968, National Security Files, Boxes 34-35, LBJ Presidential Library.

“Notes of meeting of senior foreign policy advisers,” February 12, 1968, 1:45, Box 2, LBJ Presidential Library.

“Cy Vance report, "Memorandum for the President,” February 20, 1968, National Security Files, Box 10, LBJ Presidential Library.

“Notes of president's meeting with Cy Vance,” February 15, 1968, Box 2. LBJ Presidential Library,

"Telegram from American Embassy Seoul to State Department," February 14, National Security File, Box 10. LBJ Presidential Library,

"Memorandum for the President," 1968. 2. 20, Box 10, LBJ Presidential Library.

"From State Department to American Embassy Seoul," February 13, National Security File, Box 10. LBJ Presidential Library.

"Memo to Johnson from Rostow," June 19, 1968. Box 91, LBJ Presidential Library.

"Telegram from State Department to American Embassy Seoul," February 7, 1968, National Security File, Box 10. LBJ Presidential Library.

"Dear Mr. President," Korea vol 1, President Park Correspondence, National Security File, 1968. 2. 5, Box 5, LBJ Presidential Library.

"Telegram from Johnson to Park," February 4, 1968, National Security File, Box 5, LBJ Presidential Library.

"Transcript of press conference," February 3, 1968, National Security Council, Boxes 31-33, LBJ Presidential Library.

"From Johnson to Park," February 4, 1968, National Security Council, Boxes 33, LBJ Presidential Library.

"Memorandum for the President," Korea vol 1, President Park Correspondence, National Security File, 1968. 2. 20, Box 258, LBJ Presidential Library.

"ROKG Strategic Intentions and the ROK April 5 MND Plan," Pueblo Crisis 1968 vol 21, 1968. 4.16, Box 37, LBJ Presidential Library.

"Note for Mr. Rostow: Near-term Strategy in Korea," Pueblo Crisis 1968, vol 7, March 3. 1969, Box 30, LBJ Presidential Library.

"Joint Communique," vol. 8, 1968. 4.18, Box 29-30, LBJ Presidential Library.

Washington Post

New York Times

❖ 연구성과

가. 한국

김동조, 『회상 80년: 냉전시대의 우리 외교』(서울: 문화일보사, 2000).

김정렴, 『한국경제정책 30년사』(서울: 중앙일보사, 1995).

박용수, "1990년대 이후 한반도 안보환경의 변화: 푸에블로호 사건과 비교해 본 제 1,2차 북핵 위기의 특징," 『국제정치논총』(한국국제정치학회, 2007).

신욱희 외, 『데탕트와 박정희』, 서울대학교 국제문제연구소편(서울: 논형, 2010).

양준석, "1968년 푸에블로호사건 초기 한국정부의 미국에 대한 대응전략: 방기의 두려움을 중심으로," 『군사』 통권 105호(2017).

윤민재, "푸에블로호 사건과 한미관계," 『사회와 역사』 제85집, 한국사회사학회(2010).

이신재, 『푸에블로호 사건이 북한의 대미 인식과 협상전략에 미친 영향』(북한대학원대학교 박사학위논문, 2013년).

정성윤, "1968년 북한의 푸에블로호 나포 원인에 대한 연구," 『국제정치연구』 제11집 2호(2008).

______, "미국의 무력강압 실패에 대한 연구: 1968년 푸에블로호 나포사건을 중심으로," 『국제정치논총』 54권 2호(2014).

정수용, 「한국의 베트남전 파병과 한·미 동맹체제의 변화」(고려대학교 대학원 박사학위논문, 2001).

조진구, "베트남 전쟁과 북한의 남조선 혁명론: 1964-1968," 『아세아연구』 제46권 제5호(2003).

양성철·문정인, 『한미 안보관계의 재조명: '프에블로호' 사건의 위기 및 동맹관리를 중심으로』, 안병준 편, 『한국과 미국 I』(서울: 경남대 출판부, 1988).

윤하정, 『어느 외교관의 비망록』(서울: 기파랑, 2011).

차상철, 『한미동맹 50년』(서울: 생각의 나무, 2005).
최정준, "1968년 북한의 군사도발이 한국의 국방력 강화에 미친 영향," 『한국동북아논총』 제25권 2호(2020).
최희식, "한미일 협력체제 제도화 과정 연구: 1969년 한미일 역할분담의 명확화를 중심으로," 『한국정치학회보』 45권 제1호(2011).
홍석률, "1968년 푸에블로 사건과 남한·북한·미국과 삼각관계," 『한국사연구』(서울: 2001년).
_____, "1970년대 전반 동북아 데탕트와 한국 통일문제: 미중 간의 한국문제에 대한 비밀 협상을 중심으로," 『역사와 현실』(2001).
_____, "1960년대 한미관계와 박정희 군사정권," 『역사와 현실』 통권 56호, 한국역사연구회(2005).

나. 미국

Clark Clifford and Richard Holbrooke, *Counsel to the President Era*(New York: Random House, 1991).
Herbert Druks, *From Truman Through Johnson: A Documentary History* (New York: Robert Speller and Sons, 1971).
Mitchell B. Lerner, *The Pueblo Incident: A Spy Ship and the Failure of American Foreign Policy*(Kansas: University of Kansas, 2002).
Richard Mobley, *Flash Point North Korea*(Annapolis: Naval Institute Press, 2003).
Sergey S. Radchenko, *The Soviet Union and the North Korean Seizure of the USS Pueblo Evidence from the Russian Archives*, Cold War International history Project, Working Paper No. 47(Washington, D.C.: Woodrow Wilson International Center for Scholars, 2006).
Thomas S Langston, Lyndon Baines johnson(Washington DC: CQ Press, 2002).

한국외교협상사례 총서 15

부록

자료목록 및 해제

[자료 1] "Paper Prepared in the Department of State," February. 1968, Department of State, *Foreign Relations of the United States, Vol. XXIX, Part 1 Korea*(Washington D.C.: United States Government Printing Office, 2000)

국무부는 한국을 방문하는 밴스(Cyrus Vance) 특사에게 한국으로 출발직전 4가지 임무를 하달한다(방한기간: 1968년 2월, 9-15일)

[자료 2] "Notes of the President's Meeting with Cyrus R. Vance," February 15, 1968, *FRSU* Vol. XXIX, Part 1 Korea 1964-1968.

밴스 특사가 존슨 대통령과의 직접 면담에서 한미협상에 대한 전반적인 내용을 보고하는 내용이다. 이 자리에서 밴스 특사는 박정희 대통령의 북한에 대한 보복 의지가 강하며 상당히 불안정한 상태라고 존슨 대통령에게 보고한다.

[자료 3] 「박대통령 각하와 밴스 미대통령특사의 대담요록」, 1968년 2월 12일. 『Vance, Cyrus R. 미국 대통령 특사 1.21 사태관련 방한, 1968.2.12-15. 전2권(V.1 기본문서철)』 대한민국 외교사료관.

박정희 대통령과 밴스특사의 대화내용이 기록되어 있다. 이 자리에서 박정희 대통령은 미·북 회담에 대한 부정적 시각을 드러내며, 미국의 항공모함 전단으로 원산항을 봉쇄한 후 북한과의 회담을 준비했어야 한다는 의견을 피력한다.

[자료 4] 「존슨 대통령이 박정희 대통령에게 보낸 친서 전문」, 1968년 2월 3일. 『Manuscript collection in the Dwight D. Eisenhower Library relation to Korea, V 10: Eisenhower D. Papers, Post-Presidential, 1961-1969』

존슨 대통령은 친서에서 최근의 북한의 도발에 대해 우려를 표명하고 한국의 전력증강을 위한 신속한 고려를 하고 있다고 박정희 대통령에게 강조한다. 아울러 존슨 대통령은 베트남전의 근황을 전하며 한국의 도움을 높게 평가하고 있다.

[자료 5] 「주미 한국대사가 외무부장관에게 보낸 전문」, 1968년 1월 26일. 『Manuscript collection in the Dwight D. Eisenhower Library relation to Korea, V 10: Eisenhower D. Papers, Post-Presidential, 1961-1969』

사건 발발 3일후 워싱턴의 주미대사가 본국의 외무부 장관에게 보낸 전문으로, 향후 미국이 향후 (군사적 압박과 외교적 접근을 동시 고려하는)화전 양면 전략으로 대응할 것으로 예상한다는 내용을 보고한다.

[자료 6] 「주미 한국대사가 외무부장관에게 보낸 전문」, 1968년 3월 2일. 『1.21 무장공비침투 및 Pueblo 납북사건, 1968-1969 제1권 기본문서철, 1969』 분류번호: 729.55 1968-1969 V.1, 등록번호: 2662. 대한민국 외교사료관.

당시 동해안에서 북한에 대해 무력시위 중이었던 미 해군 함정에 대해 소련 해군이 10여차례 위협적인 행동을 가하고 있으나 미국은 상황을 진정시키기 위해 이를 언급하지 않고 있다는 내용이다. 당시 동해안에 소련이 급파한 해군의 규모에 대한 정보도 수록되어 있다.

[자료 7] 「주미 한국대사가 외무부장관에게 보낸 전문」, 1968년 1월 29일. 『1.21 무장공비침투 및 Pueblo 납북사건, 1968-1969 제1권 기본문서철, 1969』 분류번호: 729.55 1968-1969 V.1, 등록번호: 2662. 대한민국 외교사료관.

당시 주미 한국대사관이 본 사건과 1.21 청와대 기습사건을 미국측에게 동일하게 취급해 줄 것을 국무부 고위 당국자와의 면담을 통해 요구하였음을 확인할 수 있다. 한국측의 요청에 대해 미국의 대답은 긍정적이었다는 내용이 포함되어 있다.

[자료 8] 「최규하 외무부장관 국회보고 메모」, 1968년 1월 29일. 『1.21 무장공비침투 및 Pueblo 납북사건, 1968-1969 제1권 기본문서철, 1969』 분류번호: 729.55 1968-1969 V.1, 등록번호: 2662. 대한민국 외교사료관.

당시 외무부장관의 국회보고 내용 중 "정부는 미국이 북한을 직접 상대하는 일이 없도록 강력히 요구하고 어떠한 유화정책도 반대한다"는 내용이 수록되어 있다.

[자료 9] 「한미간 현안문제에 대한 친서안과 설명안」, 1968년 4월 13일. 『박정희 대통령 미국방문 4.17-19. V.1』 분류번호: 724.11US, 등록번호: 2577. 대한민국 외교사료관.

1968년 4월, 한미 정상회담을 앞두고 존슨 대통에게 보내는 박정희 대통령의 친서에 포함되어야 할 내용과, 정상 회담 시 박정희 대통령이 참고해야만 하는 한미현안에 대한 정부의 입장이 서술되어 있다.

[자료 10] 「대미 활동 지침서」, 『1.21 무장공비 침투 및 Pueblo호 납치사건,1968-69(V.8 자료집 II) 』 분류번호 729.55, 등록번호: 2669. 대한민국 외교사료관.

외무부가 미국과 일본의 지역공관장에게 전달한 지침이며, 미·북 회담에 대한 한국입장을 해당국에 다양한 방식으로 확산할 것을 지시한 내용이다. 전문의 제목은 지워져 있으나 수기로 '대미활동 지침서'라는 부제가 달린 것으로 보아, 주로 미국 공관장에게 전달하고자 하는 정부의 지침이라고 해석할 수 있다.

[자료 11] "Telegram From the Embassy in Korea to the Department of State," Korea vol 5, President Park Correspondence, National Security File, March 1968, Box 255, LBJ Presidential Library

1968년 3월, 주한 미 대사관이 국무부에 보낸 전문 내용을 보면 당시 한국 총리가 한국군의 베트남 추가 파병 문제를 언급했다는 내용이 수록되어 있다.

[자료 12] "Telegram From the Embassy in Korea to the Department of State," Korea vol 5, President Park Correspondence, National Security File, 24. January 1968, Box 255, LBJ Presidential Library.

푸에블로호 피납사건 다음 날 포터 대사가 국무부에게 박정희 대통령과의 면담 내용을을 타전한 문건이며, 포터 대사는 박정희 대통령이 격앙되어 있으며, 북한의 도발이 재발되면 박정희 대통령이 어떤 행동을 할지 알 수 없다고 전한다. 아울러 포터 대사는 존슨 대통령이 박 대통령에게 친서를 보낼 필요가 있음을 국무부장관에게 건의한다.

[자료 1] "Paper Prepared in the Department of State," February. 1968, Department of State, *Foreign Relations of the United States, Vol. XXIX, Part 1 Korea*(Washington D.C.: United States Government Printing Office, 2000).

167. Paper Prepared in the Department of State[1]

Washington, undated.

MISSION OF CYRUS R. VANCE

Special Instruction

You should arrange for a secret conversation with President Park with only his interpreter and/or personal assistant, Yi Hu-rak present. You should decide who should accompany you. You are to convey the following in any manner and with any elaboration you deem desirable.

1. The immediate release of the USS *Pueblo* and its crew is required to reduce quickly the tension in the area and the danger of war. This is of transcendant importance. But there is another aspect that is extremely important to President Johnson.

2. The country and the Congress have welcomed the President's restraint in the face of this great provocation, just as it has welcomed President Park's restraint in the face of the Blue House raid. If the crew and the vessel are not returned quickly, this will not only become a very serious matter between the U.S. and the North Koreans, but it can become a very serious matter on the American political scene. President Park knows the problem of free elections. This is an election year in the U.S., and the issue could become a major one in the campaign in such a way as to affect U.S.–ROK relations and our position in Southeast Asia. This is the second reason why the U.S. must do its utmost and use every possible means to obtain the immediate release of the crew and the vessel. The private meetings channel is at present the only one which offers any prospect of obtaining release and we must give it every opportunity to show whether it will produce results. We cannot throw this matter into open meetings of the Military Armistice Commission, or insist on a Republic of Korea representative attending the public meetings, which would certainly produce a breakdown of these talks.

3. The President is deeply appreciative of the closeness of the exchanges which have been taking place in this very grave situation. It reminds him of the close and continuing contacts between President Roosevelt and Prime Minister Churchill during World War II and he

[1] Source: Johnson Library, National Security File, Country File, Korea—Pueblo Incident, Vance Mission to Korea (B), February 9 to 15, 1968. Top Secret. Attached to a February 9 memorandum from Rostow to President Johnson. Rostow's memorandum indicates that the President approved the instructions for Vance, which had also been approved by Rusk.

wants to keep it that way. The President understands President Park's domestic problems and he wants President Park to understand his. There is no substitute for this personal trust and confidence at a time like this.

4. We are not going to abandon the Republic of Korea when the USS *Pueblo* and its crew are returned, but we will remain in Korea in even stronger force than before. President Johnson urges President Park to be calm and patient, not to permit any of his officers to engage in rash acts which might lead to fighting on the DMZ, which would create a wholly new set of problems and dangers and strains on our alliance, as well as interrupt the great progress that the Republic of Korea has been making under President Park.

168. Telegram From the Commander in Chief, United States Forces, Korea (Bonesteel) to the Commander in Chief, Pacific (Sharp)[1]

Seoul, February 9, 1968, 1337Z.

KRA 0513. 1. I have been deeply disturbed over last several days at growing irrationality in certain areas ROKG, most especially in President Park himself. Inputs in last day have confirmed that Park is almost irrationally obsessed with need to strike now at North Koreans, with sort of "apres moi le deluge" philosophy accentuated by our secret talks with NK at Panmunjom. You will see, I trust, AmEmb's and [*less than 1 line of source text not declassified*] reports on today's developments[2] but these are confirmed to some degree by inputs from MI sources indicating directives for planning for immediate retaliation in event NK raids, and info from CS/ROKAF that he fears he may receive orders from Blue House for unilateral air strikes, which he knows would be suicidal. We are taking all feasible preventive measures, which cannot be 100 percent, and I feel, or at least hope, ROK Chiefs of Staff would disobey such orders, due to numerous talks with them, except after violent NK provocation.

[1] Source: Johnson Library, National Security File, Country File, Korea—Pueblo Incident, Vance Mission to Korea (B), February 9 to 15, 1968. Top Secret; Noforn; Eyes Only. Repeated to Wheeler who passed it to Rostow, Rusk, Helms, and each of the Joint Chiefs of Staff. Attached to a February 9 memorandum from Rostow to President Johnson.

[2] See Documents 166 and 170.

[자료 2] "Notes of the President's Meeting with Cyrus R. Vance," February 15, 1968, *FRSU* Vol. XXIX, Part 1 Korea 1964-1968.

376 Foreign Relations, 1964–1968, Volume XXIX

After returning to the full session, it was agreed that the Foreign Minister would convey this afternoon to the Mission the Cabinet's reaction to the communiqué. It was also agreed that Vance, accompanied by Porter, would meet with President Park tomorrow morning, hopefully at 1000 hours.

A detailed report follows septel.[5]

Porter

[5] See footnote 5, Document 178.

---

180. Notes of the President's Meeting With Cyrus R. Vance[1]

Washington, February 15, 1968, 6:06–7 p.m.

The President: All of us are deeply grateful to you, Cy, for all you have done.

Mr. Vance: The Joint Communiqué was issued at 1 o'clock today Seoul time. In the meeting this morning, I had difficulty with President Pak about issuing a joint communiqué. He was against a communiqué.

Meeting with President Pak, the Prime Minister and others this morning[2] was in dramatic contrast with the meeting I had with Pak and the Cabinet when I arrived in Seoul. Tensions were high when I arrived. When I left, Pak put his arm around me and thanked me for coming. In terms of the basic objectives of easing tension and getting a friendly relationship re-established, the mission was a success. This was in evidence even with the press at the airport when I left.

In the long run, however, the picture is very dangerous.

The President: Before we get any further, what did we do to provoke the anger and hostility?

[1] Source: Johnson Library, Tom Johnson Meeting Notes, Cyrus Vance Meeting. Top Secret. The meeting took place in the Cabinet Room at the White House.

[2] Telegram 4315 from Seoul, February 17, contains a detailed report of that meeting. (National Archives and Records Administration, RG 59, Central Files 1967–69, POL 7 US/VANCE)

Mr. Vance: Because we did not permit any retaliatory action on the attack on Blue House. The depth of feeling over that is very deep. It was considered a personal affront and a loss of face. They considered it very serious that the raiders got within 300 yards of Blue House bent upon killing the President and his family.

The President: Does Pak blame us for that?

Mr. Vance: Yes, to some extent, because they got through the guards.

Pak wanted to react violently against North Korea. Ambassador Porter prevented this.

Blue House is now covered with guards and there are strict orders that any plane, no matter what its designation, will be shot down if it flies anywhere over or around Blue House.

They are also angry about the *Pueblo*. They wanted us to take out Wonsan and not doing so was in their opinion a loss of face.

One of their guys, the Defense Minister, is an absolute menace. He has organized a very elite anti-infiltration unit under his command which has been conducting raids across the border against North Korea.

So there is blame on all sides.

There is a very strong danger of unilateral action by Pak.

Pak controls the whole country. Nobody will tell him what he does not want to hear. He is moody, volatile and has been drinking heavily. He is a danger and rather unsafe.

The Prime Minister is a force for restraint. General Bonesteel called in the ROK Joint Chiefs and made it completely clear to them that if any unilateral action is taken that it would necessitate him recommending that U.S. troops be withdrawn.[3] The Chiefs took this very calmly. The Prime Minister told me to make it clear to President Pak that he can't take unilateral action. There are a few men at the top who are aware of this danger.

Pak presents us with some problems. I do not know whether he will stand still. We went into some gut issues in our meeting with Porter and Pak. We got some commitments:

1. That they will take action to quiet their people.
2. They will stand by during the closed door sessions with North Korea as long as it doesn't go on for a long period of time.
3. There will be no reprisals for the Blue House or *Pueblo*.
4. There will be no reprisals in the future without consulting us if they are significant.

---

[3] Bonesteel's report of the meeting is in telegram KRA 0596 from Seoul, February 15. (Johnson Library, National Security File, Country File, Korea—Pueblo Incident, Military Cables, Vol. II, February 1968 to March 1968)

5. The most serious thing was this. They said they will go through the formality if another serious act occurs, but the consultations will be only formalities. *They will act if another serious act occurs.*

There was an understanding that they would keep their troops in South Vietnam. I did not raise the question of the committed troops since General Westmoreland's cable did not reach me until after my meeting had ended.[4]

I made it very clear to Pak that were they even to consider removing troops from South Vietnam we would pull ours out of Korea.

In summary, the prospects for the future are not good.

—North Korea may try to get South Korea to take some unilateral action against the North to further divide us.

—There is an unstable political situation with Pak's mood and attitude as it is.

—There could be a serious problem raised with the possibility of unilateral action.

—I do not know if Pak will last.

In the past, South Korea has been a showcase for the United States, but we must look at the cold hard facts. There is no longer a perfect showcase.

I would recommend that a good, small group be put together to determine how we proceed in the days ahead.

That is my report in capsule form.

The President: Is Pak's drinking irrationally something new?

Mr. Vance: No, this has been going on for some time. He hit his wife with an ash tray. He has thrown ash trays at several of his assistants and I was fully prepared for that.

The President: What does he want us to give him?

Mr. Vance: He has a large shopping list. He wants:

—Six squadrons of F-4s.

—One million dollars to augment his anti-guerrilla forces.

—Four new air fields.

—Expansion of existing air bases.

—A large increase in the amount of aid.

—A promise to remove none of the air craft now in South Korea until the new ones he has requested are in place.

---

[4] In telegram 114293 to Seoul, February 13, the Department instructed Vance to ask Pak to permit the redeployment of Korean troops in Vietnam. (National Archives and Records Administration, RG 59, Central Files 1967–69, POL 7 US/VANCE) Vance raised several questions that the Department referred to Westmoreland for response. Vance met with Pak prior to receiving answers from Westmoreland and therefore did not discuss the redeployment of Korean troops in Vietnam while he was in Seoul. (Telegrams 4210 from Seoul, February 13, and 114980 to Seoul, February 14; both ibid.)

I told him I would pass this on to you.[5] The amount comes to about $1^{1}/_{2}$ billion.

The President: What do you think the consequences are of the 600 raids that have taken place this year? Have they hurt the South Koreans much?

Mr. Vance: No, not except for the Blue House raid.

The President: Was the Blue House raid intended for our Ambassador too?

Mr. Vance: No. The one infiltrator who was captured was told to say that he was after Ambassador Porter. But he really wasn't. He was told that before CIA and our interrogators got to him in order to put a little more political pressure on us to act.

The President: Did the South Koreans say what brought the *Pueblo* attack on?

Mr. Vance: Nothing more than they thought this was part of a North Korean political plan to destroy morale and to harm us and the South Koreans.

The President: Have they asked for any more U.S. troops?

Mr. Vance: No.

The President: Did they say anything about Vietnam?

Mr. Vance: No, they did not.

The President: Was there any criticism about Vietnam?

Mr. Vance: No, they said their resolve was the same as it had always been.

Secretary Rusk: Did Ambassador Porter say we would pull out our troops in South Korea if they pull out their troops from Vietnam?

Mr. Vance: No, I do not know if Porter said that. I made it clear to Pak that he should not persist in that attitude. I told him that any talk of that would have grave impact on the future of relations of our two countries.

Secretary Rusk: If we had started this consultation earlier, would we have had all these problems? Or were they inherent in Pak before this happened?

Mr. Vance: They were inherent in the situation with Pak.

Under Secretary Katzenbach: Do they continue to think we should take Wonsan?

---

[5] Although Pak had insisted on official recognition of these requests, Vance and the Foreign Minister agreed merely to exchange letters noting the requests had been made. (Telegram 4243 from Seoul, February 15; ibid.)

Mr. Vance: Yes, they went through a list of things with me that they would do if certain events were to happen.

The President: Doesn't Pak worry about what the Soviets or the Chinese might do?

Mr. Vance: Pak thinks the Soviets and the Chinese will stand aside. I told him that our judgment and his judgment on this matter were vastly different.

Pak is convinced that the North Koreans are going to try to take over South Korea by 1970. He said that if they tried to attack Blue House again that he would retaliate and that much blood would be shed and that there would be much pain and suffering.

Secretary McNamara: How about our [*their*?] raids into the North?

Mr. Vance: They are conducting about two a month.

The President: Do we have a clear idea of what they have done?

Mr. Vance: They have been operating two a month raids recently. The anti-infiltration units are under the command of the Defense Minister. They took out a division headquarters in recent attacks. An attack no later than March is planned across the DMZ again.

There is much talk in military circles about this.

The numbers are not clear. They have about 200 anti-infiltration troops trained with each division upon the DMZ and have an additional group being trained by these men now.

On the other side, there are some highly trained guerrilla units. They estimate there are 2400 of these in 30 man teams. They are well trained and tough, but they have been chopped up in the past. 80 to 90% of them have been eliminated, since the South Koreans turned them in quickly.

They have excellent cooperation from the people in turning these guerrillas in. The exact number of South Koreans trained is a very closely held secret.

The President: Is there any connection in your mind between the *Pueblo* and the attacks in Vietnam? Is there one man calling the dance?

Mr. Vance: I am not clear as to the case.

Secretary Rusk: Now that we have made a case of the 570 raids across the DMZ aren't we in a difficult position if any of this information comes to light about South Korean raids into the North?

Secretary McNamara: We do not have adequate knowledge of this.

Mr. Vance: Here is a list of items right here. There have been eleven raids between 26 October and December.

The Vice President: When did they start?

Mr. Vance: I do not know, although I think it has been at least a year.

General Wheeler: General Bonesteel had rumors of this from his advisors who are with the Korean units. Hard information is difficult to get.

The President: What is the purpose of these raids?

General Wheeler: They are punative.

The President: Are any of our soldiers doing any of this?

General Wheeler: No, sir. It is routine that battalions go into the DMZ and behind the DMZ under the Armistice Agreement. General Bonesteel has talked to the Senior ROK Commanders about the dangers of this action.

We could not even prove these raids have taken place.

The President: I would just as soon not prove it.

Mr. Vance: There are going to be some problems. Only recently a unit took an M-79 grenade launcher with them. If the North Koreans have it, they may make some propaganda out of it.

The President: Have there been any complaints from the North Koreans?

Secretary Rusk: There have been some on the radio and at the meetings at Panmunjom.

General Wheeler: What about the public unrest?

Mr. Vance: The unrest is deep and real.

The people are personally offended. In the South Korean General Assembly, there is talk that we do not have as strong a mutual security pact with South Korea as we do with the Philippines. This particularly relates to incident response. They wanted a commitment from me on that. They feel like they have a second class arrangement. The ROKs also feel their hands are tied since they are under the UN Command.

I met with the Speaker and the leaders of their Congress. They brought this up. There is some feeling in the populace about this issue.

The President: Is there any estimate of what you would recommend in the additional assistance?

Mr. Vance: For next year, I would think about $200 million would be required. They need to increase their capability to take care of guerrilla-type raids in order to contain things rapidly.

General Bonesteel believes more can be done. In addition, we have to give them some F-4s. They must have this for public consumption.

But I made it clear that there was nothing in the woods beyond the $100 million this year.

They do need strengthening in a number of areas. The dilemma we face is how much we build them up, how much we build up their strike capacity.

The Vice President: Did you detect any political rivalry between Pak and the Defense Minister?

Mr. Vance: No.

The President: Who is watching the situation on our behalf?

Mr. Vance: Ambassador Porter is watching the President. General Bonesteel will step in at any time.

General Wheeler: As I understand it, General Bonesteel focuses on the Defense Minister and the ROK Joint Chiefs.

General Taylor: It goes back 20 years when the military was a restraining force against Syngman Rhee. The senior military will talk frankly.

Mr. Vance: That is why we meet with them.

Secretary Rusk: I got a reassuring feeling from your meeting this morning.

Mr. Vance: They did say what I consider a very serious thing. If there is a serious incident, they will consult but they will go ahead and take action.

The President: Then you feel pretty well about it all?

Mr. Vance: Except for the last point.

The President: Do our people feel that they are pretty well prepared out there?

General Wheeler: Yes, sir, but we will be doing several things to improve our situation. But, with our Air Force out there, with their ground troops, and with the improvements in the ammunition supplies, the troops in South Korea could do quite well.

[Here follows discussion of Vietnam.]

Secretary Rusk: I think all of us are grateful to Cy for the job he has done.

The President: We do appreciate what you have done, Cy. Thank you very much for an excellent report.

[자료 3] 「박대통령 각하와 밴스 미대통령특사의 대담요록」, 1968년 2월 12일. 『Vance, Cyrus R. 미국 대통령 특사 1.21 사태관련 방한, 1968.2.12-15. 전2권(V.1 기본문서철)』

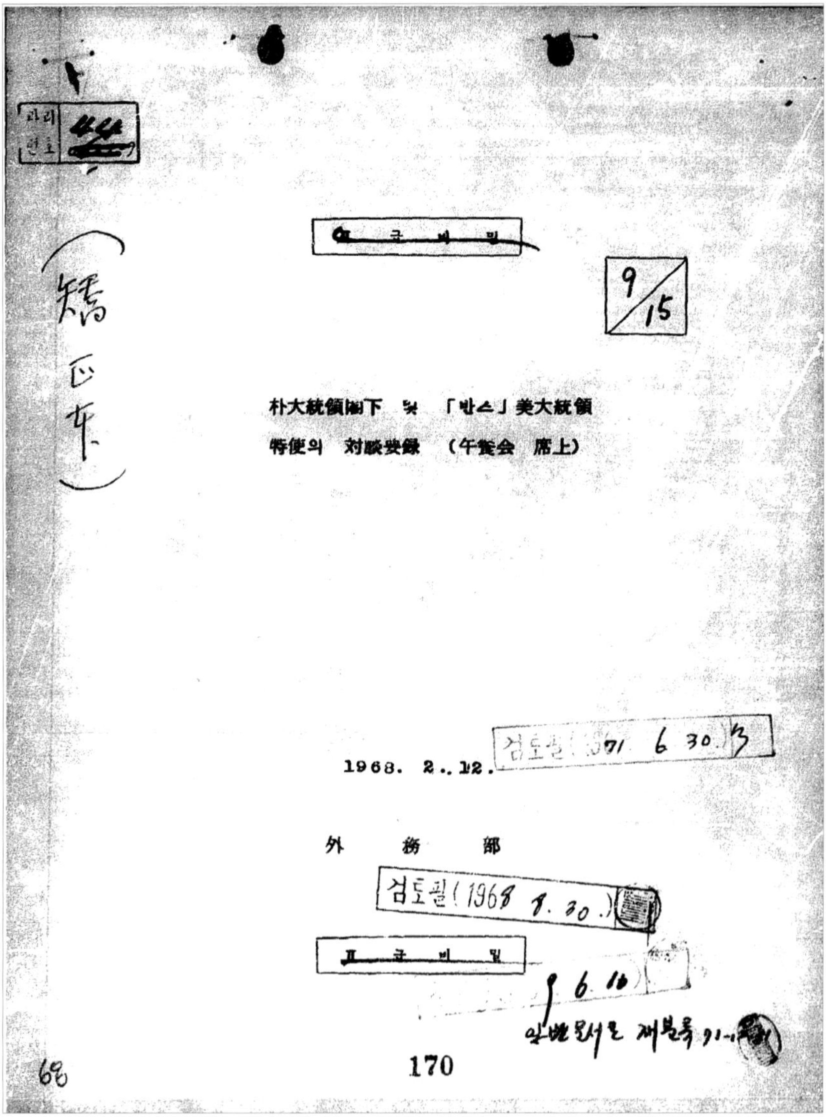
朴大統領閣下 및 「반스」美大統領
特使의 対談要録 (午餐会 席上)

1968. 2. 12.

外 務 部

Ⅱ 급 비 밀

170

~~Ⅱ 급 비 밀~~

1 .參 席 者

韓國側 :

朴大統領閣下

丁一權國務總理

崔圭夏外務部長官

金聖恩國防部長官

金炯旭中央情報部長

李厚洛青瓦台秘書室長

曺相鎬青瓦台秘書官

尹河珽外務部歐美局長

美國側 :

美大統領特使Cyrus Roberts Vance

駐韓美國大使William J. Porter

駐韓美軍司令官 Charles H. Bonesteel 陸軍大將

美國務省秘書室次長 John P. Walsh

2 .場 所 : 青瓦台

3 .時 日 : 1968 年 2 月 12 日, 12 時30 分 ~ 14時30分

4 .對談內容 :

~~Ⅱ 급 비 밀~~

-1-

171

69

Ⅱ 급 비 밀

閣 下: 이 事件에 対하여 이제는 말만 할때가 아니고 決定時期 입니다. 「포터」大使에 対하여 前日 大使住宅앞에서 「메모」를 한 모양인데 그것은 決코 反美「메모」나 反美的인 行動은 아니라는 것을 알아주기 바라며, 이는 単純히 우리立場을 呼訴한 것입니다.

「반스」: 韓国의 安全保障에 対하여서는 어떤 政治的인 뒷받침을이 할 것을 相伴되여야 되겠읍니다. 即, 世界的으로 充分히 알리고 国際的인 保障도 相伴되어야 할 것입니다.

閣 下: 韓国問題는 過去 오래동안 「유엔」에서도 많이 取扱되어 왔고 이미 充分히 알려져 있는 問題입니다.

「포터」大使: 金新朝같은 投降을 増加시키도록 北傀에 対하여 金新朝의 転向을 많이 放送等을 通하여 알릴 必要가 있지 않겠읍니까?

閣 下: 金新朝가 잡힌것은 한가지 偶然的인 多幸이며, 이러한 放送을 하여 보았자 敵의 首脳가 듣지 않으면 効果가 없을 것입니다. 그들에게 있어서는 이러한 行動隊員은

Ⅱ 급 비 밀

한가지 消耗品에 不過한 것입니다。 韓国民의 協調問題에 対하여 이것을 너무 오래 期待하거나 이에 対한 通信은 할 수 없을 것입니다。

即。 敵은 우리政府에 協力하는 地方 사람들에 対하여 「테로」[redacted] 等수단을 敢行함으로써 우리百姓들을 恐怖에 집어넣고 이러한 協力行動을 못하게 할수도 있을 것입니다。 報復問題에 対하여는 間諜 몇名이 이르킨 行動程度를 말하는 것은 아닐 것이며, 重大한 国家[redacted]規範行為 및 그러한 結果가 [illegible] 報復하는 것을 말하는 것입니다。 이러한 報復은 相応하는 報復措置어야 하며。 그러한 相応되는 報復措置가 무엇인가 하는 것은 「본스틸」将軍이 잘 알고 決定지을 수 있는 問題입니다。 「유엔」軍 司令官의 権限이 너무도 制限되어 있읍니다。

「본스틸将軍 : 1年前보다 「유엔」軍 司令官이 取할 수 있는 行動이라는 것이 若干 拡大[redacted]된 点이 있읍니다。 即, 交戦規

Ⅲ 급 비 밀

模에 있어서 敵의 砲擊에 対하여 反擊 [illegible]하고 相対方

의 重要한 兵力移動等이 있을때는 이에 따른 対応措処를 할수 있는 것이며,

그동안 [illegible] 우리들은 偵察行動을 더 頻繁히 하여 왔읍니다.

그러나 아직도 [illegible] 権限과 行動範囲가 많이 制限되고

있는 것은 事実입니다. 今番 武装共匪의 서울侵入事件

에 対処하여서도 「유엔」軍은 할 수 있는 일을 하였다

고 生覚되나 訓練, 装備問題等 더 갖추어야 할 問題들이 있으며

[illegible] 이는 時間을 要할 問題입니다.

通信関係 改善増強도 그 한가지 問題입니다.

「반스」: 大統領閣下의 報復에 対한 概念을 더 正確히 알았읍니다.

그 概念을 反映시키고 政策 [illegible] 하여야 될것 같

읍니다. 이에 対하여 来日 論議하기로 합시다.

閣 下: 「엔터푸라이스」号等의 機動部隊가 왔을 때에 于先 元山

港을 封鎖하여 놓고 板門店 秘密会談을 開催하였어야 할

것이였읍니다.

Ⅲ 급 비 밀

Ⅱ 급 비 밀

그렇지 않고 이 機動部隊를 東海멀리 놓고 会談을 하여 보았댔자 金日成은 이미 이 機動部隊에 依한 强力措処가 없을 것이라 알고 이 会談에서도 귀를 기울이지 않을 것입니다。

「반스」: 美国側의 評価로서는 元山港을 爆擊하거나 封鎖하는 境遇 韓国에 대한 全面的 攻擊이 있을 것이라 判断되었으며。 그것을 무릅쓰고 라도 元山港 攻擊을 加해야 하였을 것인가 하는 問題에 対하여는 否定的인 結論이었읍니다。

閣 下: 人民軍이 全面攻擊해도 現 時。美軍은 이에 対한 充分한 反擊能力이 있는 것으로 압니다。 이에 対하여 敵은 이를 부시는 能力이 없다고 받는데 [illegible] 그 程度의 自信과 能力이 없이 韓国에 「유엔」軍이 있을 必要가 무엇입니까?

이것저것 危險만 보면 아무것도 할 일이 없어지지 않을까요?

Ⅱ 급 비 밀

~~Ⅱ급 비밀~~

이대로 우리가 아무런 措置를 取하지 못하는 境遇 다음 事態가 날 것입니다.

① 敵의 挑発은 우리들의 無為를 틈타 增加를 거듭할 것이다.

② 우리國民은 「유엔」軍들의 이런 無為에 対하여 가만히 있지 않을 것이다」

③ 韓國政府도 무엇을 単独的으로 할 것이다.

④ 이렇게 되면 韓.美間은 매우 深刻하게 龜裂이 생길 것이다.

⑤ 이것으로서 더 커다란 危機가 올 것이다.

「반스」: 우리는 報復에 対한 警告는 可能~~할것이~~하다고 봅니다.
그러나 이에 対하여 敵이 어떻게 反応을 보일 것인가? 敵은 이를 잘 認識할 것인가 하는 것이 問題가 될것입니다.

閣 下: 적어도 敵의 指導者들은 이 警告文이 意味하는 것을 잘 認識할 것입니다.

~~Ⅱ급 비밀~~

「반스」: 問題는 어떤 警告도 그 內容에서 이를 實踐할 수 있다는 것을 前提로 하여야 할 것입니다.

閣 下: 勿論 그렇습니다. 이 警告는 힘으로써 뒷받침 되어 있어야 할 것입니다.

「반스」: 매우 明白히 알았읍니다.

[자료 4] 「존슨 대통령이 박정희 대통령에게 보낸 친서 전문」, 1968년 2월 3일. 『Manuscript collection in the Dwight D. Eisenhower Library relation to Korea, V 10: Eisenhower D. Papers, Post-Presidential, 1961-1969』

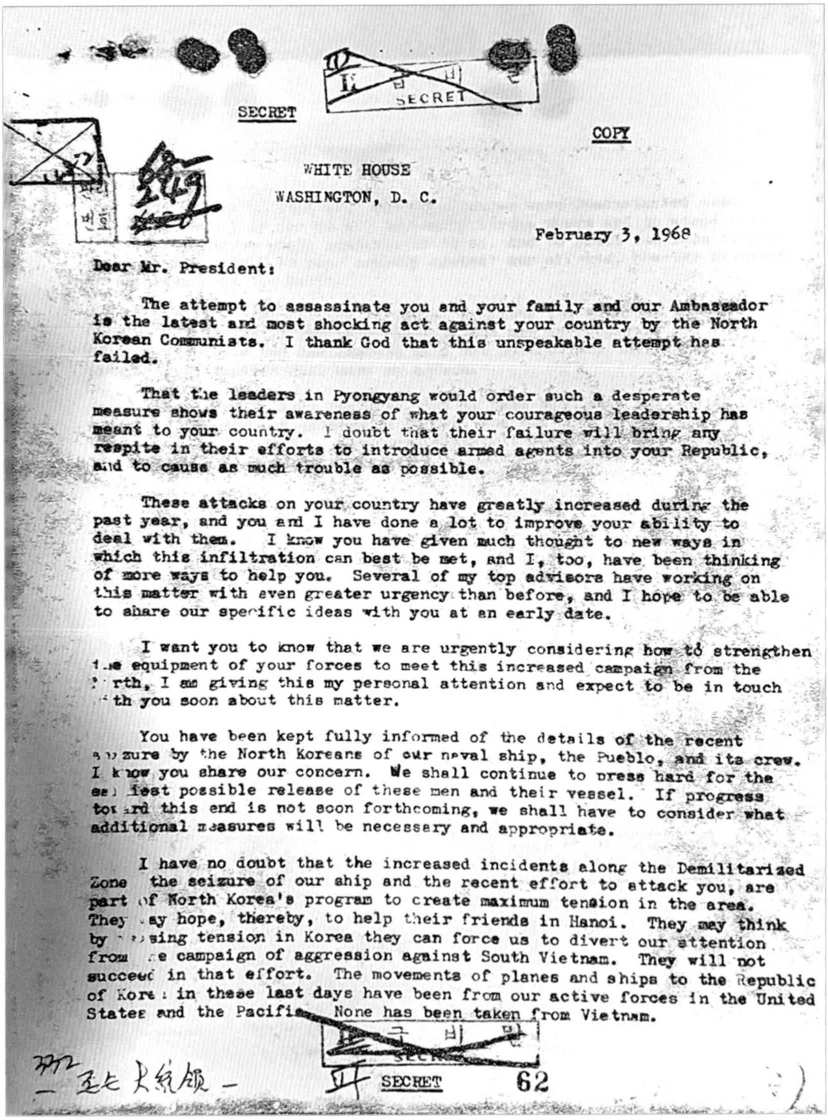

SECRET

COPY

WHITE HOUSE
WASHINGTON, D. C.

February 3, 1968

Dear Mr. President:

The attempt to assassinate you and your family and our Ambassador is the latest and most shocking act against your country by the North Korean Communists. I thank God that this unspeakable attempt has failed.

That the leaders in Pyongyang would order such a desperate measure shows their awareness of what your courageous leadership has meant to your country. I doubt that their failure will bring any respite in their efforts to introduce armed agents into your Republic, and to cause as much trouble as possible.

These attacks on your country have greatly increased during the past year, and you and I have done a lot to improve your ability to deal with them. I know you have given much thought to new ways in which this infiltration can best be met, and I, too, have been thinking of more ways to help you. Several of my top advisors have working on this matter with even greater urgency than before, and I hope to be able to share our specific ideas with you at an early date.

I want you to know that we are urgently considering how to strengthen the equipment of your forces to meet this increased campaign from the North. I am giving this my personal attention and expect to be in touch with you soon about this matter.

You have been kept fully informed of the details of the recent seizure by the North Koreans of our naval ship, the Pueblo, and its crew. I know you share our concern. We shall continue to press hard for the earliest possible release of these men and their vessel. If progress toward this end is not soon forthcoming, we shall have to consider what additional measures will be necessary and appropriate.

I have no doubt that the increased incidents along the Demilitarized Zone the seizure of our ship and the recent effort to attack you, are part of North Korea's program to create maximum tension in the area. They may hope, thereby, to help their friends in Hanoi. They may think by raising tension in Korea they can force us to divert our attention from the campaign of aggression against South Vietnam. They will not succeed in that effort. The movements of planes and ships to the Republic of Korea in these last days have been from our active forces in the United States and the Pacific. None has been taken from Vietnam.

SECRET 62

SECRET

The events of this past week in Vietnam have demonstrated anew how important it is for us all to remain strong there and to stand fast. I have no doubt we shall continue to do so. And we shall continue to stand strong and together in your country against any efforts, however desperate, by the regime in the North.

Our mutual objectives of peace, security and progress in Asia require us to make it entirely clear to the men in Pyongyang and in Hanoi that terror and lawlessness will not succeed and that their diversionary tactics will have no effect.

I am particularly grateful that we have been able to keep in such close contact through Ambassador Porter, who has been able to keep me current with your views. In these difficult days for both our countries, it is good to be able to share one's thought with a trusted friend and ally.

Sincerely,

/s/ Lyndon B. Johnson

검토필(1976 6.30) 9

검토필(1992 6 30) 27

SECRET

검토필(1992 3. 3.) 29

검토필(1992 12 30) 16

63

333

[자료 5] 「주미 한국대사가 외무부장관에게 보내는 전문」, 1968년 1월 26일. 『Manuscript collection in the Dwight D. Eisenhower Library relation to Korea, V 10: Eisenhower D. Papers, Post-Presidential, 1961-1969』

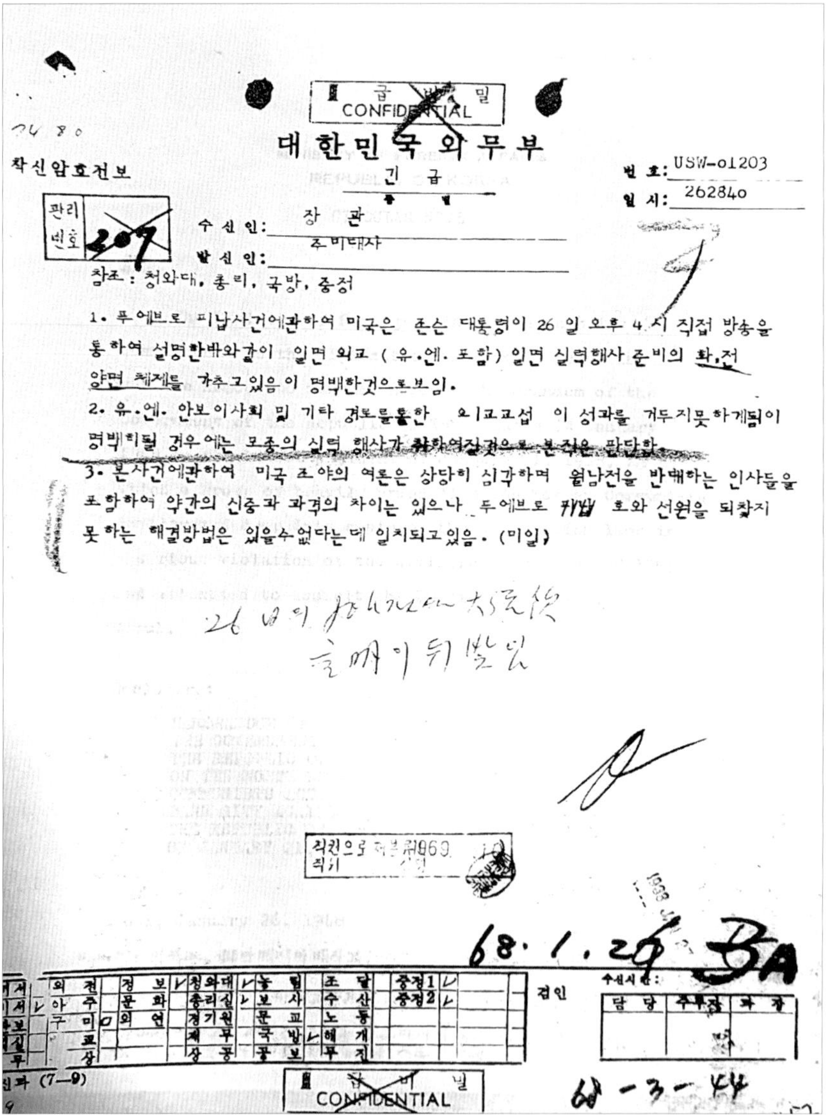

긴급 비밀 CONFIDENTIAL

대한민국외무부

착신암호전보

관리번호 207

번호: USW-01203

일시: 262840

긴급

수신인: 장관

발신인: 주미대사

참조: 청와대, 총리, 국방, 중정

1. 푸에브로 피납사건에관하여 미국은 존슨 대통령이 26 일 오후 4 시 직접 방송을 통하여 설명한바와같이 일면 외교 (유.엔. 포함) 일면 실력행사 준비의 확,전 양면 체제를 갖추고있음이 명백한것으로보임.

2. 유.엔. 안보이사회 및 기타 경로를통한 외교교섭 이 성과를 거두지못하게됨이 명백히될 경우에는 모종의 실력 행사가 취하여질것으로 본직은 판단함.

3. 본사건에관하여 미국 조야의 여론은 상당히 심각하며 월남전을 반대하는 인사들을 포함하여 약간의 신중과 과격의 차이는 있으나 푸에브로 피납 호와 선원을 되찾지 못하는 해결방법은 있을수없다는데 일치되고있음. (미일)

직권으로 재분류1969.
직기

68. 1. 26

외	정보	청와대	농림	조달	중정1		
아주	문화	총리실	보사	수산	중정2		
구미	외연	경기원	문교	노동			
교		재무	국방	해개			
상		상공	공보	무진			

접인

수신시간:

담당	주무관	과장

긴급 비밀 CONFIDENTIAL

68-3-44

[자료 6] 「주미 한국대사가 외무부장관에게 보낸 전문」, 1968년 3월 2일. 『1.21 무장공비침투 및 Pueblo 납북사건, 1968-1969 제1권 기본문서철, 1969』 분류번호: 729.55 1968-1969 V.1, 등록번호: 2662. 대한민국 외교사료관.

[redacted] [redacted]

대한민국외무부

착신전보

번 호: USW-0302
일 시: 010930

원 본

수 신 인: 외무부장관

발 신 인: 주미대사

참조: 청와, 총리, 국방. 공보. 정보. 합참.

1.W.P. 지는 금일 스토크호름 발신으로 (2.28) 서전 외무성대변인이 서전은 푸에블로사건에 중재자의 역할은 하지 않지만 4개국 중립국감시위원단의 활동을 재개함으로서 미국과 북괴간의 접촉을 촉진하고있다고 포스트지 기자에게 말한바있다고보도함. 그는 푸에블로가 나포된후 미국정부가 서전에게 이사건해결에 서전이 공헌할수 있겠는가를 문의하여온 바있으며 서전 외상이 중립국위원단이 유용한 경로가될수있을것이다고 시사한 4일후 덴마르크 대사를 한국에 파견하였다고 설명하였다함.

2. 당지 소식통은 2.28 쏘련선박이 푸에블로사건발생후 동해에 항해중인 미국해군함정을 10여차 (A DOZEN TIMES) HARRASS 하였으나 미국에서의 긴장을 해소하기위하여 보도되지 않았다함. 그간 미.쏘 함정간의 사건으로는 1.31. 에 있었든 충돌사고만이 보도된바 있음. 한국해역에 미해군이 증강되자 쏘련해군은 미국함대와 거이 비슷한 14척의 군함을 배치하였었음. 현재 쏘련은 5-6척의 구축함과 소수의 정보수집선을 배치하고 있다함.

(미일. 미이. 북아.. 정보)

'68 3 2

68-7-6

장관비		구미국		의전실		청와대	V	농림부		국방부	V	중정 1	V
차관비	V	방교국		기획실		총리실	V	상공부		조달청		중정 2	
차관보	V	통상국		외연원		경기원	V	보사부		노동청		무역진	
총무과		정보과	V	외정신		재무부		공보부	V	수산청		해외개	
아주국	V	문화과				문교부		건설부		철도청		법무부	

담 당	주무자	과 장

※ 주무장관 허가없이 본용지의 사용 또는 전문내용을 타부에 누설함을 엄금함

(7—12)

87

209

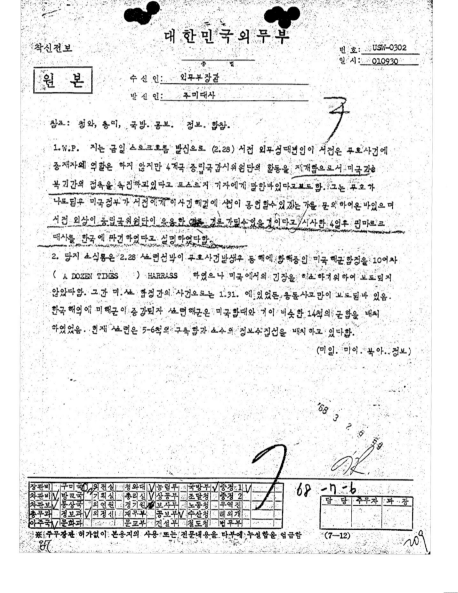

[자료 7] 주미 한국대사가 외무부장관에게 보낸 전문」, 1968년 1월 29일. 『1.21 무장공비침투 및 Pueblo 납북사건, 1968-1969 제1권 기본문서철, 1969』 분류번호: 729.55 1968-1969 V.1, 등록번호: 2662. 대한민국 외교사료관.

III 급 비 밀
CONFIDENTIAL

대 한 민 국 외 무 부

착신암호전보

번 호: USW-01 215
일 시: 28 1800
[29 11:12]

수 신 인: 장관 귀하
발 신 인: 주미 대사

대: WUS -01129. (USW -01167. 01201. 01209 참조)

1. 무장간첩 침입사건과 푸.호 사건을 동일하게 중요 취급한다는 점은 1 월 23 일 전공사와 버거 부차관 회담. 26 일 김대사와 시스코 차관 회담 23. 전공사와 시시코 차관보 회담에서 미국측이 언명하고있음 (참조 전문으로 보고)
2. 특히 시스코 차관보는 27 일. 전공사와의 회담에서 미국은 안보 소집을 요청 하는 안보 의장앞 서한. 1. 26 하오 미대통령이 발표한성명서. 골드버그 대사의 26 일 안보이. 연설에서 두사건을 다 같이 중요하게 취급 하고 있는점을 강조 설명한바있음.
3. 당관에서는 앞으로도 계속 무장간첩 침입 사건이 한국의 입장에서는 더 중요하다는점을 강조 하겠으나 미국측 으로서는 미국은 푸.호 사건을 한국은 무장간첩사건을 더 중요시하는 것은 사실이나 두사건이 동등히 취급되도록 하겠다는 입장을취하고있음.
4. 당지 언론 기관에서는 북괴 휴전 협정위반 문제 및 무장간첩 침입 문제가 많이 보도 되고 있음.
5. 당관은 1.26 두사건에 관한 성명서를 작성하여 언론기관 및 각국 대사관에 배포한바 있으며, 1.27 장관의 1.25 자 성명서를 배포한바 있음을 보고함.
6. 참전 16 개 국과 협의하여 한국 방위에 대한 결의를 재확인 하도록 하는 문제에 대하여는 금 28 유엔 대표부와 협의한바 금일 뉴욕 에서 골드 버그 대사와의회담에서 제기 하였다고 함을 참고로 보고함(방연)

예고 !! 68.12.31 일반문서로 재분류

1968 JAN 29 AM 11 12

장비서	외 [illegible]	정 보	청와대	농 림	조 달	중정1
차비서	아 주	문 화	총리실	보 사	수 산	중정2
차관보	구 미	외 연	경기원	문 교	노 동	
기획실	방 교		재 무	국 방	해 개	
총 무	통 상		상 공	공 보	무 지	

검인

수신시간 :

담 당	주무자	과 장

외신과 (7—9)

III 급 비 밀
CONFIDENTIAL

68. 1. 29

[자료 8] 「최규하 외무부장관 국회보고 메모」, 1968년 1월 29일. 『1.21 무장공비침투 및 Pueblo 납북사건, 1968-1969 제1권 기본문서철, 1969』 분류번호: 729.55 1968-1969 V.1, 등록번호: 2662. 대한민국 외교사료관.

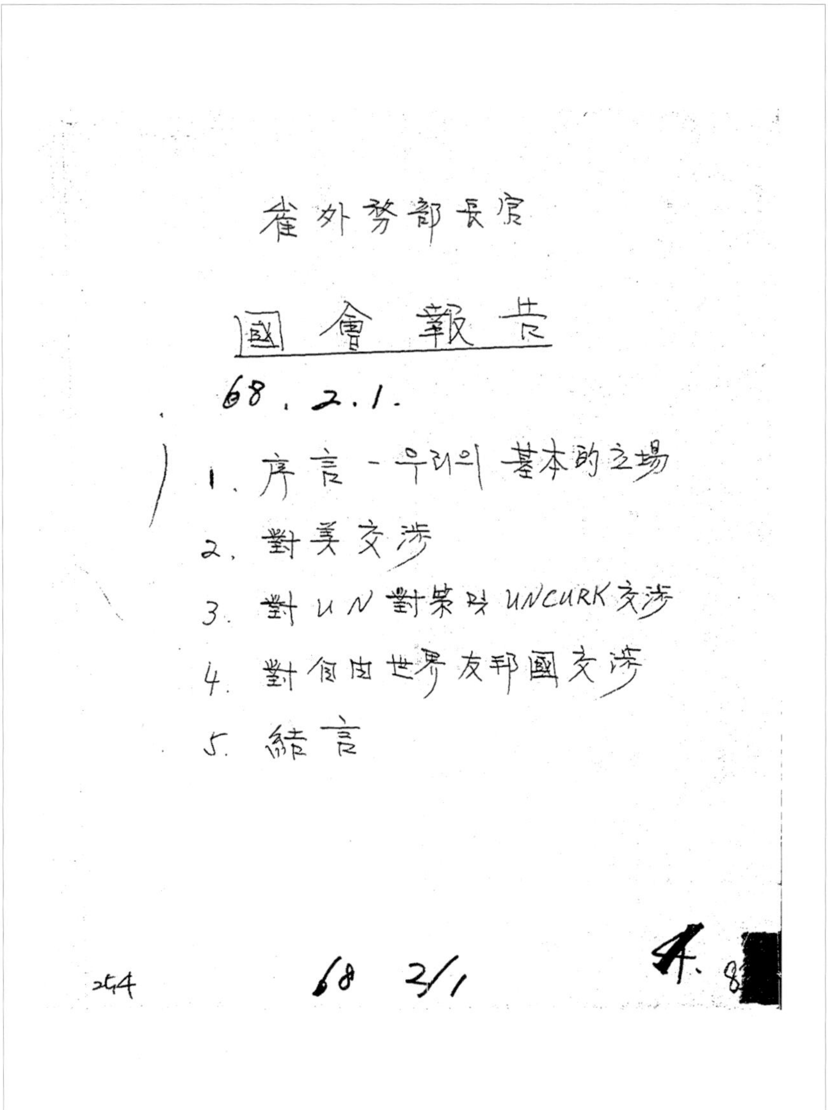
崔外務部長官

國會報告

68.2.1.

1. 序言 - 우리의 基本的立場
2. 對美交涉
3. 對UN對策 및 UNCURK交涉
4. 對自由世界友邦國交涉
5. 結言

254 68 2/1 4. 8[redacted]

尊敬하는 議長任, 그리고 議員 여러분!

本人은 오늘 이자리를 빌어 其間
國內外의 非常한 關心을 集中
시켰던 北傀武裝共匪 서울 侵入
事件과 美海軍艦艇 PUEBLO号
拉致事件을 둘러싸고 造成된 一連의
緊張事態의 進展과 이에 對處한
우리 政府의 外交的 措置, 그리고
政府의 基本立場에 關하여 簡單
히 報告드리고저 ~~말씀드리고저~~ 합니다.

255　　1　　84

아래 말로 代置

議員 여러분께서도 이미 周知하시는 바와같이 北韓傀儡徒党들은 大韓民国이 最近에 成就하고 있는 國際的地位 向上과 經濟的發展을 妨害할 目的으로 지난 1月 21日밤 蘇聯製 機關短銃, 手榴彈, 対戰車地雷等으로 重武裝한 31名의 共匪를 首都 서울 깊숙히 侵透시켜 休戰 以後 가장 悪辣한 挑発行爲를 恣行했던것이며 이어 이틀後인 23日에는 美國艦艇 PUEBLO號를

256　　2　　85

公海上에서 不法拉致하여 갔던것입니다.

北傀의 今般 武裝共匪南派行爲는 그들의 全韓半島共産化 野慾과 企圖를 다시 한번 暴露하는것이며 他方 그들의 侵略性 ~~과 残忍性~~을 余地없이 들어 낸것입니다.

이러한 北傀의 非人道的이며 無謀한 武裝侵透는 大韓民國과 極東의 安全保障을 威脅하는 重大한 侵略行爲라고 断定하지

3

257 86

않을수 없으며 따라서 우리政府 및 国民은
勿論 美国을 為始한 友邦 여러나라 国
民들의 憤怒를 사고 있는것입니다.

美国은 또한 公海上에서 PUEBLO号를
不法拉致事件 및 서울侵入事件에 対하여도 激憤하고 있으며
이러한 威脅事態에 対処하여 ~~존슨大統領~~ 美国
은 世界最大의 核推進航空母艦
ENTERPRISE号를 東海에 急派하고 이어
海軍과 空軍의 予備兵을 緊急召集
하는等 強力한 軍事的 予備措置를
取하였던것입니다.

4

258 87

이리하여 韓半島에는 6.25動亂
以來 가장 緊張된 事態가 造成되었으며
따라서 우리는 이제 [illegible] 決意로서 이러한
北傀의 挑戰에 對應하여야 하겠다고
生覺하는바입니다.
特히 自由友邦 諸國들과의 協力을
加一層 緊密히 하고 防衛態勢를 強化
하는 한편 國際的으로 北傀의 蠻行을
糾彈하기 爲하여 우리의 全外交網을
通하여 可能한 모든 外交的인 努力을
傾注하고 있읍니다.

259 5 88

1. 政府의 基本立場

北傀의 今般 挑発行為에 対処하기 為한 우리 政府의 外交的인 基本立場을 말씀드리면

첫째; 北傀 露骨的인 挑発行為를 可能한 모든 方法을 通하여 糾彈할수 있는 措置를 講究하고

두째로: 北傀의 이러한 蠻行과 挑発行為가 再発되지 않도록 防止할수있는 確固한 保障策을 마련함으로써 우리나라의 継續的인 発展을 為하여 国民들이 安心하고 生業에 從事할수있게끔

260 6 89

하려는 것입니다

셋째로: 今般 北傀의 蠻行으로 빚어진 極東의 ~~緊張~~ 緊張狀態가 單只 PUEBLO號 事件의 解決만으로 解消되는것이 아니라 北傀 武裝 共匪의 서울 侵入事件 ~~에 對하여 强力한 措置와 對~~의 再發 防止 策이 마련되어야 한다는 點을 強調하고 있읍니다. 다시말하면 武裝共匪의 서울 侵入事件은 韓國의 安危를 威脅하는 가장 重大한 挑發 行爲라고 看做하고 있기 때문에 우리는 이 問題를 PUEBLO號 拉致事件과 同等하게 또는 더욱 重大하게 다루어야

한다는 点을 強調하고 있읍니다.

이러한 基本立場을 貫徹시키기 為하여 政府는 지금 美國을 為始한 友邦諸國과 UN에 対하여 積極的인 外交的 努力을 継續하고 있읍니다.

2. 対美交涉

美國에 対해서는 첫째 : 美國이 우리의 防衛体制를 強化할수 있는 方案을 마련하는데 積極的인 対策을 마련하도록 強力히 要求하고 있읍니다.

防衛体制를 強化하기 為하여는 于先 國軍裝備를 ~~改善~~ 強化하고

262 3 91

現代化 할수 있는 方向으로 早速한 支援을
해야하며 또한 美国의 韓国에 対한 確固한
防衛決意를 이機会에 ~~[illegible]~~ 再闡明
해야 할것입니다. 뿐만 아니라 北傀의
侵入再発을 防止할수 있는 強力한 保
障措置로서 韓美両国間의 一層더
緊密하고 機動的인 外交및 軍事的 協助 ~~[illegible]~~ 와
協力이 이루어져나가고 있는 ~~[illegible]~~ 中입니다
~~이루어져야 할것입니다~~

이러한 点에 対하여는 이미 今般事件
発生 即後에 駐韓美国大使와 駐美
韓国大使를 通하여 覺書로서 美国政
府에 ~~強力히~~ 我国의見解를 表明한바 있읍니다.

263 92

이에 対해서 美国政府는 이미 積極的인 反応을 보이고 있으므로 멀지 않은 時日内에 具体的인 움직임이 있을것으로 期待됩니다.

<u>두째</u> : 北傀 武装共匪 서울 侵入事件과 이에 뒤이어 発生한 Pueblo号拉致事件을 다같이 韓半島에 있어서의 韓美 両国에 対한 挑発行為로 取扱함은 勿論 나아가서 UN의 権威와 参戰16個国等 友邦 諸国에 対한 挑発行為라는 点을 強調하여 国際輿論에 呼訴하고 <u>北傀를 自由와 平和에 対한 共同의 敵으로서 国際社会에서 糾弾하는데</u> 있어서 美国과 歩調를 같이하고 있읍니다.

264

10

93

셋째로 美國은 特히 Pueblo号 乘務員의
釋放交涉과 關聯하여 北傀와 直接
交涉을 試圖할것으로는 보이지 않으나
우리 政府는 어떠한 環境 또는 形態로
든지 美國이 北傀를 直接相對하는 일이
없도록 強力히 要求하는 한편 北傀에
對한 如何한 宥和政策이 ~~에 또는 姑息~~
~~的인 政策에~~ 對하여도 ~~[illegible]~~ 反對한다는
立場을 明白히 하고 北傀에 對하여
決意를 表示
~~協力하고 強硬한 措置를 取~~하도록
促求하고 있읍니다.

여러분께서 이미 新聞報道를 通하여
알고 계시는 바와 같이 共產側에서

265 11 94

PUEBLO號 乘務員과 武裝 間諜中 逮捕된
者를 交換하자고 提議하였다는 風聞은
이미 浪說임이 밝혀 졌으며 韓·美
兩國은 이러한 일은 있을수
없다는 點에 對하여 意見을
같이 하고 있읍니다.

이에 關하여는 美國 政府는 다시 31일 駐유엔代表部를
通하여 聲明을 北傀와의
直接交涉이나 또는 其他 어떠한
直接相對도 하지 않을 것이라는 點을
明白히 한바 있읍니다.

美國과는 이상과 같이 緊密한
協助를 하면서 今般 北傀의 挑發

266 12 95

~~하는데 있어서 強力한 措置를 取하도록~~
行爲를 糾彈하고 또한 適切한 保障策을 마련하도록 交涉을 계속할 作定입니다.

3. 对UN对策 및 对UNCURK交涉

武裝共匪 서울 侵入事件이 發生한 直後 政府는 ~~外務部~~ UNCURK에 이事件의 眞相을 通告하고 이어서 繼續的인 接觸을 가지면서 事態의 重大性을 說明하고 UNCURK로서도 本事件의 眞相을 直接 調査하도록 要求하였읍니다. 따라서 UNCURK는 今般~~事件~~의 發生經緯와 眞相을 UN本部에 調査

267 13 96

報告하고 繼續 韓國 政府와 緊密한 連絡을 維持하고 있읍니다

한편 UN軍 司令部에서도 韓國 政府와의 緊密한 連絡下에 事件의 眞相을 詳細히 UN安保理事會에 報告함으로서 北傀의 侵略行爲를 暴露하는데 힘썼으며 同司令部는 또한 声明을通하여 如何한 北傀의 挑發行爲라도 断乎히 물리칠려는 態勢를 가추고 있음을 內外에 闡明한바 있읍니다

다음으로 이번 事態에 対하여 美國이 UN을 通하여 解決을 試圖 하고 있는데 対한 우리의 外交的 立場과 努力에

268 14 97

關하여 말씀드리고저 합니다.

今般 北傀의 挑發事件이 發生한 直後 政府는 UN 事務總長에게 事件의 眞相과 北傀의 蠻行을 糾彈해야 된다는 內容을 明示한 覺書를 發送하고 UN 會員國에 이를 配布하도록 措置했읍니다.

지난 26日 美國의 要請으로 召集된 UN 安保理事會는 其間 2次에 걸친 會議를 가진바 있읍니다마는 이렇다할 解決策이 講究되지 못한채 休會를 繼續하고 있읍니다.

269 15 98

UN을 通한 解決交涉에 對하여

우리는 첫째; 安保理事会의 討議를
通하여 이事件이 効果的으로 解決되리
라고는 期待하지 않읍니다. 왜냐하면
共產陣營国家들의 計劃的인 妨害로
말미암아 올바른 方向으로 이事件이
解決되지 않을것으로 予測되기 때문입니다.
傳統的인 와 韓美
그러나 우리는 韓美 友好関係 및
相互防衛條約의 精神에 立脚하여
~~考慮하여~~ ~~平和的~~이 解決方法의 하나로서
平和外交的인
美国이 UN安保理事会에 이問題를
끝가지
討議하도록 要請한데 對하여는 反対하
지는 않았읍니다.

우리는 安保理事會에서의 本事件 討議에 있어서도 北傀武裝共匪의 서울侵入事件을 PUEBLO號 拉致事件과 同等 以上의 比重으로 다루어 져야 할것임을 强力히 主張하고 北傀의 侵入再發을 防止할수 있는 保障措置를 講究해 줄것을 要請했던것입니다.

이에 對해서는 이미 美國이 本問題를 安保理事會에 提起할때 그 要請書翰에 武裝共匪 서울 侵入事件을 PUEBLO號 拉致事件보다 더 重要的이며 優先的으로 言及하였으며 따라서 우리의 立場은 充分히 反映되고 있읍니다.

「다음 문단 [illegible]

韓美兩國 政府는 또한 各已 海外
駐在使節에게 今般 發生한 두가지
事件을 同等하게 取扱하여 外交交涉
에 臨하도록 訓令하는 同時에 앞으로
도 이번 事件의 解決에 있어서 共同
步調를 ~~取하기로 굳게 約束하고~~ 取하고 있읍
니다

둘째로: 우리는 安保理事會
討議席上에 北傀代表를 無條件
招請할려는 一部 共產 및 中立國家
의 움직임을 封鎖하기 爲하여 強力
한 交涉을 벌리고 있읍니다

18

2772 101

이미 우리는 數次에 걸쳐 北傀가 유엔의 權能을 無視하고 侵略行為를 일삼고 있는 不法集団이라는 点을 指摘하고 北傀의 安保理參席招請은 無益할 뿐 아니라 오히려 유엔의 權威를 損傷시킬 것이라는 点을 友邦諸国에 說明한 바 있읍니다.

果然 北傀는 지난 1.27日 聲明을 通하여 유엔 安保理事会가 今般事件을 討議하는 것은 不法이며 또한 그러한 權限도 없다고 主張하면서 이 事件에 対한 安保理事会의 어떠한 決定

273 19 102

로 無效이며 이에 拘束받지 않을것 이라고 밝히므로써 그들의 從前 態度를 再次 公表한바 있읍니다

이로써 유엔 全會員国은 우리의 主張이 眞實이라는것을 알게되었으며 當今 安保理事会에서도 北傀 招請問題는 이렇다 할 進展을 보이고 있지 않는것으로 보여집니다

끝으로: 우리는 安保理事会에서 萬若 今般 北傀의 挑發行為를 調査하고 仲裁하기 為하여 유·탄트 事務總長 또는 其他 유엔 代表를 現地에 派遣하는 境遇에는 公正한 調査를 할수있는 人物을 派遣할것과 또한

274　　20　　103

北傀의 侵略行爲로 因하여 被害를 입은 韓国을 먼저 訪問해야 할것이라는 우리의 立場을 强力히 反映시키도록 UN 駐在大使 및 其他 外交經路를 通하여 交涉하고 있읍니다. 이러한 움직임은 아직 具体的으로 나타나지 않고 있으나 우리는 미리 ~~부터~~ 対處하고 있는 것입니다.

4. 其他 友邦諸国에 対한 措置

今般 事件이 発生한 直後부터 政府는 海外公館 또는 駐韓外国外交使節等 모든 外交的 經路를

通하여 北傀武裝共匪侵入事件의

眞相을 充分히 說明하고 그 蠻行을

糾彈하는 한편 우리나라의 立場을

支持해 줄것을 友邦諸國에 呼訴했(에는 覺書를 配布하고 Briefing 도하여 주고, 이들에)

으며 特히 駐韓外交使節~~[illegible]~~

~~安保理事會에~~ 北傀武裝共匪들로

부터 노획한 武器等을 直接 보여

주므로서 더욱 生生한 證據를 提示

했던 것입니다. 이런 證據와 資料는 遲滯
없이 安保理事會에도 送付하여 提示토록하였읍니다.

이러한 對外~~[illegible]~~ 外交活動의 結果로

友邦 여러 나라에서는 매우 好意的인

反應을 보이고 있으며 우리의 立場을

~~積極~~ 支持~~하고 있읍니다~~ 하는 나라의

數가 日々 增加되어가고 있읍니다.

22

276 105

特히 參戰16個国에 対하여는 1953年의 와싱턴 共同聲明과 1954年의 제네바 共同宣言을 想起시키고 我国에 対한 繼續的인 支持를 再確認하여 줄것을 要請했읍니다. 이에 対하여 英国等은 參戰16個国의 共同宣言이 그대로 有効함을 再確認한바 있으며 이번 事態를 協議하기 爲하여 英国 와싱턴 및 뉴욕에서 參戰16個国大使会議가 이미 両次에 걸쳐 開催되었읍니다.

그리고 中立的인 友邦 및 阿亞諸国에 対해서도 北傀의 挑発行為를 説明하고 우리나라에 対한 理解와 支持를 要請하고 있읍니다.

2717 23 106

5. 結語

以上과 같은 外交的 措置를 取함에 있어서 우리의 모든 外交的 力量을 總集中하고 있음은 위에 말씀드린 바입니다만 今般 事件 發生後 外務部의 全職員들은 海外公館을 包含하여 非常勤務態勢로서 不撤晝夜로 臨하고 있읍니다.

끝으로 本人은 至今 이 時刻에 있어서도 多分히 流動的인 現事態의 推移를 銳意注視하고 美國을 비롯한 友邦諸國과 緊密한 連絡과 協力을 維持하면서 우리나라의 安全保障을 確保할 수 있는 方向으로 最善의 外交的 努力을 傾注할 것을 다시 한번 다짐하는 바입니다.

感謝합니다.

278 24. 107

[자료 9] 「한미간 현안문제에 대한 친서안과 설명안」, 1968년 4월 13일. 『박정희 대통령 미국방문 4.17-19. V.1』 분류번호: 724.11US, 등록번호: 2577. 대한민국 외교사료관.

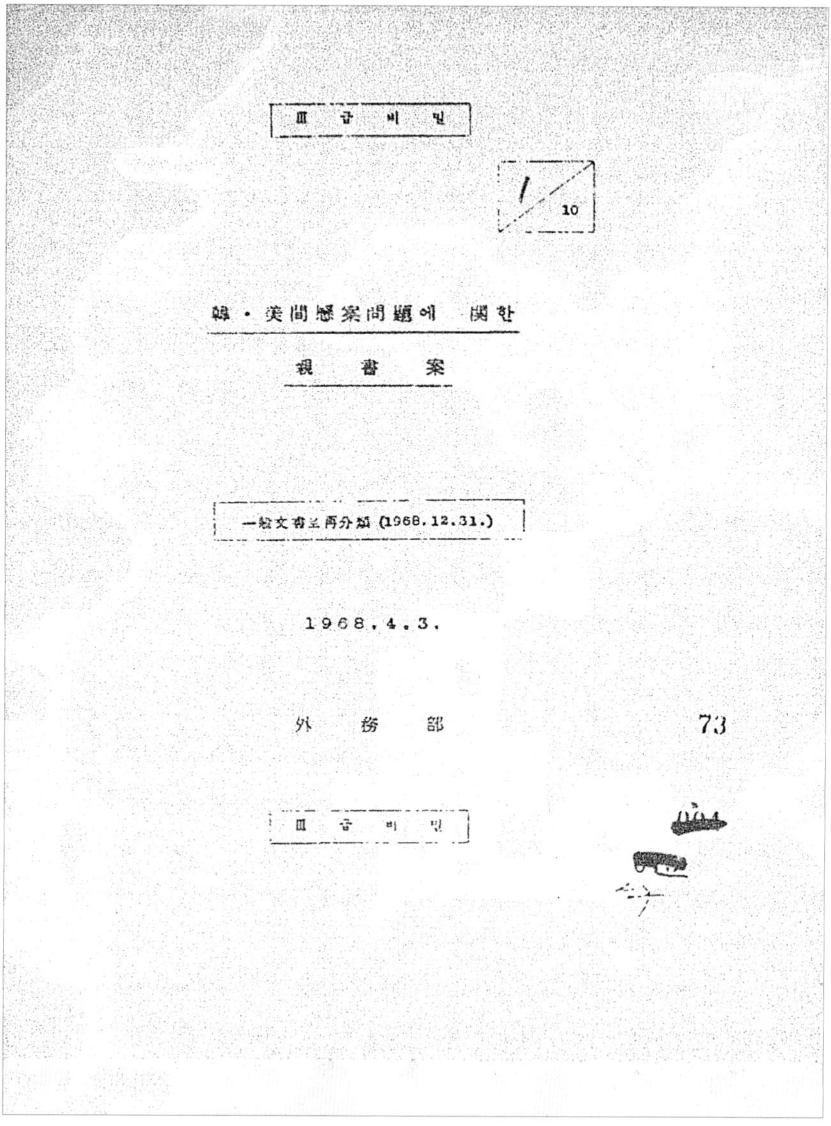

Ⅲ 급 비 밀

1/10

韓・美間懸案問題에 關한

親 書 案

一般文書로 再分類 (1968.12.31.)

1968.4.3.

外 務 部

73

Ⅲ 급 비 밀

Ⅲ 급 비 밀

要 点

1. 緒 言

最近 「존슨」大統領의 新措置에서 보여준바 越南에서의 名譽로운 平和成就에 대한 굳은 決意와 偉大한 領導力에 대한 敬意表示

2. 國防力強化 問題

가. 北傀의 戰爭準備와 挑発行為로 因한 緊張状態

나. 「반스」美大統領特使의 建議事項에 대한 美政府의 早速한 措置 促求

다. 韓·美相互 防衛協定에 대한 行政的 補完

라. 韓國의 自体防衛能力強化와 郷軍組織, 首都防衛司強化 必要性. 対間諜作戦能力 強化

3. 亜細亜 太平洋 安全保障問題

가. SEATO 의 弱化. 英國軍撤収. 中共核能力 成長

나. 亜細亜太平洋安全保障体制研究 必要性

다. 韓國의 亜洲太平洋地域 安保에의 貢献決意와 用意

라. 様相이 다른 間接侵略에 대한 対備策

마. 各自의 國力 (國防, 経済力) 強化의 緊要性과 充実한 國防力에 의한 防備的 事前対備策의 重要性 (経済性)

바. 參戰 16個國의 1953年 共同宣言再確立問題와 共同的 安全保障의 必要性 7·1

[redacted]

Ⅲ 급 비 밀

[redacted]

- 1 -

Ⅲ 급 비 밀

4. 經濟力 培養

가. 美國援助가 준 커다란 貢獻

나. 美國民間企業에 의한 直接投資, 共同投資의 必要性

다. 韓·美通商關係擴大와 美保護貿易措置의 止揚 要望

5. 越南戰爭

가. 韓國과 越南安全의 不可分性

나. 越南의 自主獨立保障과 自主能力育成策의 時急性

다. 對共産侵略戰略에 있어서의 斷乎한 決意와 積極的이고 強硬한 態度 및 壓倒的인 軍事力만이 有效

6. 「푸에블로」號 事件

가. 北傀의 不實性과 板門店會談의 無成果

나. 北傀의 欺瞞的 術策

7. 結 語

가. 韓·美兩國 團結다짐

나. 「존슨」大統領의 勇氣와 自信에 대한 信賴表示

Ⅲ 급 비 밀

[redacted]

— 2 —

[redacted]

Ⅲ 급 비 밀

親愛하는 大統領閣下

近者 大統領閣下의 越南에 관한 새로운 措置에 관한 說明을 當地 「포터」大使로 부터 듣고 또한 閣下의 이에 관한 「티뷔·라디오」演說文에 接하였읍니다。

于先 閣下의 自由亞細亞의 防衛 및 越南에서의 名譽로운 平和成就에 대한 굳은 決意와 偉大한 領導力에 最大의 敬意를 表하며 越南에서의 우리 目的 達成에 實効를 거두게 되기를 祈願하는 마음 懇切합니다。

向後 越南戰爭解決 方向은 越盟이 어떠한 反應을 보일 것이며 어떤 措置로 나올 것인가 하는 것이 [illegible] 關鍵이 될것으로 믿어집니다。

本人의 생각으로서는 現時期야 말로 政治的으로나 軍事的으로 어느 때 보다도 더욱 重要性을 띈 時期라고 여겨지며 우리 韓·美兩國은 다른 參戰同盟國과 더불어 우리의 團結된 힘을 加一層 誇示하여야 될 때라고 믿는 바입니다。

따라서 本人은 이 機會에 韓·美兩國의 同盟關係를 더욱 鞏固히 하고 韓國의 國力을 增強하는데 있어 兩國間의 懸案中인 몇가지 問題에 대하여 言及하려 합니다。

閣下도 아시다 싶이 우리 韓國에 있어서는 北傀가 大韓民國에 대한 侵略準備를 繼續하고 있으니 또한 지난 1月 21日 武裝共匪서울

Ⅲ 급 비 밀

76

-3-

Ⅲ 급 비 밀

侵入事件 및 1月23日 美艦「푸에불로」號 拉致事件에서 露呈된 바와 같이 北傀의 挑發行爲와 이로 因한 緊張狀態가 繼續되고 있읍니다. 따라서 北傀의 이러한 侵略企圖에 對處한 大韓民國의 國防力 强化는 主된 當面問題라고하지 않을 수 없는 것이라 여겨집니다.

去般 2月 閣下가 보내신 「싸이라스. 반스」特使가 이곳에서의 여러 實情을 把握한 後 閣下에게 建議한 몇가지 事項에 대하여는 閣下께서 最優先的으로 考慮하고 계신다는 報告에 接한바 있읍니다만 年次的으로 增額되어야 할 對韓軍事援助外에 同特使를 通하여 要請한 事項은 大韓民國의 國防力 增强을 위하여 切實히 必要한 것입니다.

本要請에 대한 閣下의 迅速하고 好意的인 考慮가 있으시기를 바라는 바입니다.

特히 最近 大韓民國은 鄕土防衛軍 組織을 거의 끝마쳤으며 이들에 대한 武器供給이 時急한 일의 하나입니다.

다음에 亦是 「반스」特使와 매우 廣範하게 論議된 問題의 하나로서 北傀의 激化된 挑發과 侵略的인 行爲의 增加에 鑑하여 敵이 韓國에서 또다시 어떠한 侵略行爲를 敢行하여 왔을때 이를 卽刻 擊退할 수 있도록 共同措置를 取하여야 한다는 問題가 있읍니다. 이에 관하여 韓國政府는 이미 貴政府에 現韓.美相互防衛條約에 대하여 適

Ⅲ 급 비 밀

77

0098

- 6 -

당한 形式의 行政的인 補完을 한것을 提案한바 있읍니다.

如斯한 韓国側 提案의 内容은 美国이 다른 나라에 대하여 行한 先例에 따르는 것이며 美国이 対韓防衛約束을 履行함에 있어 보다 積極的이고 実効的인 方策으로 臨하겠다는 것을 遂行하여 주는 것입니다.

이 提案에서 特히 韓国에 대한 攻撃은 美国 및 韓国内 美軍에 대한 攻撃이며, 韓国内 美軍에 대한 攻撃은 亦是 韓国에 대한 攻撃으로 看做되고 이러한 共産側의 攻撃이 発生하였을 때에는 韓.美両国 共同으로 일致 即刻的으로 対処하겠다는 것을 分明히 하여둔 것입니다.

如斯한 措置는 또한 韓国民이 安心하고 生業에 従事하고 経済建設을 위해 総進하도록 保障을 해주는것이며 敵에 対하여는 有効한 牽制를 하게될것이 틀림없읍니다.

韓国戦이나 越南戦에서 이미 経験한바와 같이 共産主義 侵略에 대하여는 그것이 너무 늦기 前에 断乎히 이를 未然에 防止하는데 万全을 期하여야 하며 積極的이고 強固한 措置로 臨하여야 할것인바, 이 補完措置目的도 거기에 있는 것입니다.

最近 韓国은 自体防衛能力을 強化하기 위하여 많은 努力을 기우리고 있읍니다.

78

Ⅲ 급 비 밀

上述한바 郷軍組織도 그런 意図에서 이루어진 것이고 또한 大韓民国大統領 直属 作戦指揮下에 있는 首都防衛司令部의 強化의 必要性도 이와 關聯하여 考慮되어야 할 問題라고 생각합니다.

또한 対間諜作戦에 있어서 韓国이 装備를 強化하고 韓・美間이 機動的인 協調를 이룩하여야 한다는 것도 우리의 防衛를 위하여 重要한 일이라 생각됩니다.

다음은 亜細亜太平洋 全体의 安全保障問題에 관하여 言及하여 보려 합니다.

本人이 느끼기로는 東南亜条約機構 (SEATO) 가 現在에 이르러 그 힘을 喪失하고 있고, 「마레이시아」, 「싱가폴」로 부터의 英国軍 撤収計劃을 推進하고 있는 反面 中共이 核攻撃能力을 漸次로 育成하고 있어 亜細亜 各国에 커다란 潜在的인 威脅을 주고 있는 것입니다. 이에 대한 美国과 우리 同盟国의 早速한 措置 및 中共의 如斯한 威脅과 侵略 勢力에 対抗할 수 있는 亜細亜太平洋 安全保障体制의 研究問題는 날이 갈수록 그 必要性이 痛感되고 있는 것 입니다.

79

Ⅲ 급 비 밀

- 6 -

이 点과 関聯하여 現在 우리 韓国軍이 増強되고 韓国兵力이 講固히 되어지면 将来 亜細亜太平洋地域에 있어서의 한 安定的인 勢力으로서 이 地域의 安全이 威脅을 当할 때 다시 이런 威脅除去에 貢献할 決意와 準備를 갖출 用意가 있음을 말하려는 바입니다。

이러한 共産威脅과는 様相을 달리하는 侵略的인 威脅의 하나로서 浸透와 破壊行動에 의하여 終局的으로 그 侵略企図를 達成하려는 間接侵略이 있읍니다。

이러한 侵略은 흔히 外部의 顕著한 注目의 対象이 되지 않기때문에 始初에는 疎忽히 다루게 되기 쉽고 또한 友邦国家들의 積極的 介入도 어려운 것입니다。 이에 대한 対策으로서는 亜細亜太平洋地域 各国家의 国防力과 経済力을 強化하고 各自 스스로의 힘을 갖추게 하는일 以外에는 없는 것으로 믿어집니다。

이러한 予防的이고 警戒的인 対策만이 終局的으로 最善의 対処方法이며 또한 가장 犠牲을 적게하는 経済的인 方策이라는 것을 共産侵略을 当한 亜細亜諸国家의 経験에 비추어 우리들은 깨닫게 되는 것입니다。

이렇게 갖추어진 各国의 힘이 合勢할때 그것은 共産侵略者들에 대한 무서운 防牌가 되는 것으로 여겨집니다。

1950年 韓国戦 当時 国際聯合 国家들이 그의 뭉친 힘으로서 共産侵略을 물리친 事実이 想起되는 것입니다。

이들은 戦争後에도 共産再侵에 대한 保障을 韓国에 約束함으로서 이때까지 共産側의 再侵을 有効하게 牽制하여 왔던 것입니다。 이와 関聯하여 本人은 1968年 2月 21日字 書翰으로 閣下에게 韓国参戦 16個 80

[redacted]

國에 의하여 1953年 華府에서 署名된 共同声明을 再確認할 것을 要請한 바 있읍니다。

本人은 現 韓國危機의 重大性에 비추어 1950年 北傀의 大韓民國侵略当時 国際聯合旗下에 韓国에 兵力을 派遣한 모든 友邦国 元首에게 同旨의 書翰을 発送하였읍니다。

우리는 参戦 16個国 全体가 一致하여 1953年 共同声明을 再確認하여 줄것을 希望하는 것입니다。 万若 이것이 不如意하면 그 代案으로서 1953年 共同声明에 直接 言及치 않고 이번 事態에 關聯하여 北傀의 侵略的 挑発行為를 共同으로 糾弾하고 大韓民国의 立場을 共同으로 支持하는 程度의 内容을 包含시킨 共同声明을 発表하던가 또는 参戦 16個国이 個別的으로라도 1953年 共同声明을 再確認케 하는 것도 좋을 것입니다。

이 交渉에 있어 美国政府가 보다 積極的이고 中枢的인 役割을 하여 줄 것을 期待하는 바입니다。

韓国은 国防力 強化에 全力을 다하는 한편 早速한 経済発展을 達成하여야 한다는 命題를 지니고 있으며 이를 解決하기 위하여 政府와 国民은 이 두가지 課業을 同時에 成就하겠다는 覚悟를 굳게하고 있읍니다。

韓国은 지금까지 美国政府의 直接.間接的인 寛大한 経済 및 技術支援에서 큰 도움을 받아온 바 있으나 韓国経済의 飛躍的 発展을 위한

Ⅲ 급 비 밀

새로운 段階를 맞이한 現時点에서는 美國政府의 經濟的 支援과 더불어 美國의 民間資本이 直接投資 또는 韓國民間企業과의 共同投資形式에 의하여 韓國經濟發展에 參与하는 것이 切實히 要請되고 있는 것입니다。 韓美間의 貿易이 增大一路에 있음은 매우 多幸스러운 일이라 생각되며 特히 韓國商品의 美國市場에의 進出은 括目할만한 것이 있읍니다。 이것은 閣下의 格別한 配慮와 美國政府와 民間에 의한 多大한 協調의 結果라고 생각되는 바입니다만 最近 美國國會를 中心으로 推進되고 있는 纖物, 鐵鋼, 油類 및 其他 몇가지 品目에 대한 輸入制限을 위한 立法化 運動은 自由貿易 政策을 一貫하여 오던 美國의 立場에 비추어 一種의 逆行이라고도 생각되오며 特히 韓國과 같이 開發途上國家로서 自立經濟達成을 위하여 輸出增進에 努力하고 있는 國家에 대하여는 美國의 이와같은 輸入制限措置는 莫大한 障害가 될것임이 分明합니다。

또한 最近에 美國은 弗貨防衛策을 위한 여러 法案을 마련하고 있는 것으로 알려져 있읍니다。 이러한 法案 亦是 韓國과 같은 開發途上國家의 對美輸出貿易에 큰 支障을 가지고 오게 될 것입니다。

閣下께서 特別한 配慮로서 韓國과 같은 開發途上國家의 商品은 이對象으로 부터 除外되도록 하여 주심이 妥當한 것으로 생각됩니다。

82

Ⅲ 급 비 밀

-9-

[redacted]

0 23

Ⅲ 급 비 밀

反面 「케네디·라운드」交渉에 의한 매우 鼓舞的인 關稅引下策이 美國의 發議로 實施되려 하고 있는줄로 알고 있읍니다。 이러한 關稅引下等 特惠措置가 早期에 그리고 可及的 広範囲하게 韓国의 対美輸出品目에 適用되어 實施되도록 要望하는 바입니다。 이런 모든 經濟的인 뒷받침이 우리 韓國의 經濟發展과 國力의 培養에 크게 이바지 할것임은 疑心할 餘地가 없는 것입니다。

越南戰爭에 관하여 한마디 말씀드리고저 합니다。

越南戰爭은 틀림없이 韓半島에 있어서의 北傀의 侵略的 動態와 그로 因한 韓國의 安全 및 防衛問題와 關聯되어 있읍니다。 即 越南戰線과 韓國戰線은 連結되어 있는 것이며 越南의 平和問題는 韓國의 平和問題와도 直結되어 있는 것이라고 믿고 있는 바입니다。

1966年 11月 「마니라」參戰 7個國 共同宣言에서 採択된 "自由의 目標"에서 亞細亞地域을 "安全, 秩序, 進步의 地域"으로 設定하고 이 地域의 平和와 安全을 達成하기 위하여 共同努力을 다할것을 다짐하였음은 우리의 記憶에 새롭습니다。

이 共同声明 精神에 비추어 우리들이 越南에서 達成하려는 目標는 越南自体의 安全과 平和를 위하여 越南國民의 自由独立을 保障하여 주는데 있는 것이라 하겠읍니다。

이를 위하여서는 于先 共産侵略者들에 대하여 그들이 힘에 의하여 越南人의 自由를 剝奪할 수 없다는 것을 諦念시키고 屈伏시킬 수 없는 自由友

Ⅲ 급 비 밀

83

011

III 급 비 밀

邦의 힘에 의하여 그들에게 認識시켜야 할것입니다。

따라서 敵이 兇暴한 武器를 놓을때까지 우리는 軍事的으로 敵을 圧倒하여야 할것입니다。 同時에 우리는 무엇보다도 越南国民 그 自体의 自主的인 能力을 尊重하고 그들에게 自信과 将来의 安全保障에 希望을 주는 여러 施策을 強力히 推進하여야 할것이라고 믿어집니다。 共産主義者에 대하여는 이런 実力的 対決만이 実質的인 効果를 가지고 온다는 것을 再三 強調하고자 하는 바입니다。

閣下의 이번 対越南戦에 관한 譲歩를 包含한 措置는 우리들의 断乎한 決意와 積極的이고 強硬한 措処로 뒷받침함으로서 그 効果를 걷을것이라고 確信합니다.

「푸에블로」号 拉致事件에 대한 北傀代表와의 板門店交渉은 아직 成果없이 継続되고 있음은 甚히 遺憾된 일이오며 最近 北傀는 悪辣하게 同船員들에 不法的인 方法으로 閣下앞 書翰을 作成하여 送付케 하고 美政府의 謝過를 要求하고 있다는 것을 듣고 있읍니다。

이러한 또 하나의 北傀의 蛮行은 糾弾되어야 할것이며 美国政府는 이런 卑劣한 手段에 속지말고 어디까지나 美国의 威信을 위하여서라도 이 事件을 名誉로운 方法으로 早速히 解決되도록 더욱 努力하실 것을 당부하는 바입니다。 勿論 우리 韓国国民은 同船員들이 全員 無事히 北傀의 魔手로부터 돌아오기를 빌어마지 않습니다。

이 機会에 本人은 韓美両国의 変함없는 굳건한 団結과 또한 自由와 人権을 守護하고 名誉로운 平和를 講究함에 있어서의 閣下의 偉大한 勇気와 自信에 대하여 本人의 끊임없는 信頼를 再三 다짐하는 바입니다。

8·1

敬具

III 급 비 밀

[redacted]

-11-

[redacted]

관리번호 130

Ⅱ급 비밀

7/20

韓美間懸案問題에関한 説明案

(頂上会談)

1968. 4. 13.

豫告文 : 不必要時 破棄하라

外務部

(歐美局)

검토필(1969. 6. 10.)

검토필(1970. 1. 15.)

71 6 30

85

Ⅱ급 비밀

016

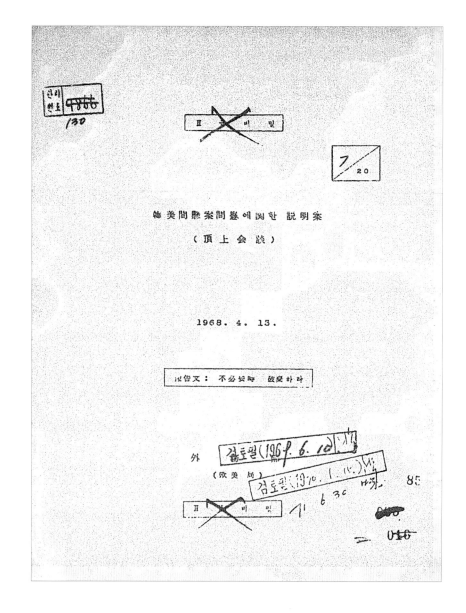

Ⅱ 급 비 밀

要 点

1. 緒 言

最近 「존슨」大統領의 新措置에서 보여준바 越南에서의 名誉로운 平和成就에 대한 굳은 決意와 偉大한 領導力에 대한 敬意表示 ——— 3

2. 國防力強化 問題

3. 亜細亜 太平洋 安全保障問題 ——— 6

86

Ⅱ 급 비 밀

－1－

~~017~~

Ⅱ 급 비 밀

Ⅱ 급 비 밀

- 2 -

87

018

1968. 4. 13 작성된
한·미 주요현안 사항에 대한 일괄
협의 위한 박대통령의 Johnson
대통령앞 친서안 (발송여부 미확인)

近者 大統領閣下의 越南에 관한 새로운 措置에 관한 說明을 當地 「포터」大使로 부터 듣고 또한 閣下의 이에 관한 「티비·라디오」演說文에 接하였읍니다。

于先 閣下의 自由亞細亞의 防衛 및 越南에서의 名誉로운 平和成就에 대한 굳은 決意에 대하여 本人은 最大의 敬意를 表하며 越南에서의 우리 目的 達成에 實効를 거두게 되기를 祈願하는 마음 懇切합니다。

向後 越南戰爭解決 方向은 越盟이 어떠한 反応을 보일 것이며 어떤 措置로 나올 것인가 하는 것이 [illegible]고 關鍵이 될것으로 믿어집니다。

本人의 생각으로서는 現時期야 말로 政治的으로나 軍事的으로 어느 때 보다도 더욱 重要性을 띤 時期라고 여겨지며 우리 韓·美兩國은 다른 參戰同盟國과 더불어 우리의 団結된 힘을 加一層 誇示하여야 될 때라고 믿는 바입니다。

따라서 本人은 이 機會에 韓·美兩國의 同盟關係를 더욱 鞏固히 하고 韓國의 國力을 增強하는데 있어 兩國間의 懸案中인 몇가지 問題에 대하여 言及하려 합니다。

閣下도 아시다 싶이 우리 韓國에 있어서는 北傀가 大韓民國에 대한 侵略準備를 繼續하고 있으며 또한 지난 1月 21日 武裝共匪서울

Ⅱ 급 비 밀

68-1-46
85

대 외 비 밀

侵入事態 및 1月23日 美艦「푸에블로」號 拉致事件에서 露呈된 바와 같이 北傀의 挑發行為와 이로 因한 緊張狀態가 繼續되고 있읍니다。 따라서 北傀의 이러한 侵略企圖에 対処한 大韓民國의 國防力 強化는 主된 當面問題라고하지 않을 수 없는 것이라 여겨집니다。

去般 2月 閣下가 보내신 「사이러스. 반스」特使가 이곳에서의 여러 實情을 把握한 後 閣下에게 建議한 몇가지 事項에 대하여는 閣下께서 最優先的으로 考慮하고 계신다는 報告에 接한바 있읍니다만 年次的으로 繼續되어야 할 対韓軍事援助外에 同特使를 通하여 要請한 事項은 大韓民國의 國防力 增強을 위하여 切實히 必要한 것입니다。

本要請에 대한 閣下의 迅速하고 好意的인 考慮가 있으시기를 바랍니다。

北傀의 軍事挑発에 対処하여 우리는 單獨히 北傀軍事力을 絶対的으로 圧倒할수 있는 우리 自体의 防衛力을 갖추어야 한다는 것을 이자리에서 再三 強調하는 바입니다。 이렇게 하여 韓國의 防衛能力이 強化되어야만

韓國은 나아가서 [illegible] 太平洋地域 安全保障에도 [illegible] 바입니다。

特히 最近大韓民國은 郷土防衛軍 組織을 거의 끝마쳤으며 이들에 対한 武器供給이 時急한 [illegible]입니다。

다음에 亦是 「반스」特使와 매우 広範하게 [illegible] 問題의 하나로서 北傀의 [illegible] 侵略的인 [illegible] 韓國에서 또다시 어떠한 侵略行為를 敢行하여 [illegible] 即刻 [illegible] 할 수 있도록 共同措置를 取하여야 한다는 問題가 있읍니다。 이에 관하여 韓國政府는 이미 貴政府에 韓美 . 美相互防衛条約에 대하여 適

대 외 비 [illegible]

89
68-1-47

— 4 —

0261

Ⅱ 급 비 밀

당한 形式의 行政的인 補完을 할것을 提案한바 있읍니다.

如斯한 韓國側 提案의 內容은 美國이 다른 나라에 대하여 行한 先例에 따르는 것이며 美國이 対韓防衛約束을 履行함에 있어 보다 積極的이고 實效的인 方策으로 臨하겠다는 것을 敢行하여 주는 것입니다.

이 提案에서 特히 韓國에 대한 攻擊은 美國 및 韓國內 美軍에 대한 攻擊이며. 韓國內 美軍에 대한 攻擊은 亦是 韓國에 대한 攻擊으로 看做되고 이러한 共産側의 攻擊이 發生하였을 때에는 韓.美兩軍 共同으로 이를 即刻的으로 擊退시킨다는 것을 分明히 하여 둔 것입니다.

如斯한 措置는 또한 韓國民이 安心하고 生業에 從事하고 經濟建設을 위해 邁進하도록 保障을 해주는 것이며 敵에 대하여는 有效한 警告를 하게 될것임에 틀림 없읍니다.

韓國戰이나 越南戰에서 이미 經驗한바와 같이 共産主義 侵略에 대하여는 그것이 너무 늦기 前에 断乎히 이를 未然에 防止하는데 万全을 期하여야 하며 積極的이고 強力한 措置로 臨하여야 할것인바, 이 補完措置目的도 거기에 있는 것입니다.

最近 韓國은 自体防衛能力을 強化하기 위하여 많은 努力을 기우리고 있읍니다.

Ⅱ 급 비 밀

-5-

68-1-48
(31)

021

Ⅱ 급 비 밀

上述한바 鄕軍組織도 그런 意図에서 이루어진 것이고 또한 大韓民国大統領 直属 作戰指揮下에 있는 首都防衛司令部의 強化의 必要性도 이와 関聯하여 考慮되어야 할 問題라고 생각합니다.

또한 対間諜作戰에 있어서 韓国이 態勢를 強化하고 韓・美間이 機動的인 協調를 이룩하여야 한다는 것도 우리의 防衛를 위하여 重要한 일이라 생각됩니다.

다음은 亞細亞太平洋 全体의 安全保障問題에 관하여 言及하여 보려 합니다.

本人이 느끼기로는 東南亞条約機構 (SEATO) 가 現在에 이르러 그一部 加盟国들이 同機構[illegible]理事会에도 [illegible] 않고있는 実情이며,

「마레이시아」,「싱가폴」로 부터의 英国軍 撤收計劃을 [illegible]하고있는反面 中共이 核攻撃能力을 漸次로 育成하고 있어 亞細亞 各国에 커다란 潜在的인 威脅을 주고 있는 것입니다. 이에 대한 美国과 우리 同盟国의 [illegible] 및 中共의 [illegible] 成長과 [illegible] 勢力에 対抗할 수 있는 亞細亞太平洋 安全保障体制의 研究問題는 날이 갈수록 그 必要性이 提高되고 있는 것 입니다.

Ⅱ 급 비 밀

68-1-49

91

- 6 -

89

5 53 022

이 點과 關聯하여 現在 우리 韓國軍이 增強되고 韓國軍事力이 確固히 되어지면 將來 亞細亞太平洋地域에 있어서의 하나의 安定的인 勢力으로서 이 地域의 安全이 威脅을 當할때 다시 이런 威脅除去를 위해 貢獻할려는 決意와 準備를 갖출 用意가 있음을 말하려는 것입니다。

이러한 共産威脅과는 樣相을 달리하는 侵略的인 政策의 하나로서 浸透와 破壞行動에 의하여 終局的으로 그 侵略企圖를 達成하려는 間接侵略이 있읍니다。

이러한 侵略은 흔히 外部의 顯著한 注目의 対象이 되지 않기때문에 始初에는 疎忽히 다루게 되기 쉽고 또한 友邦國家들의 積極的 介入도 어려운 것입니다。 이에 대한 対策으로서는 亞細亞太平洋地域 各國家의 國防力과 經濟力을 強化하고 各自 스스로의 힘을 갖추게 하는일 以外에는 없는 것으로 믿어집니다。

이러한 豫防的이고 積極的인 対策만이 終局的으로 最善의 対処方法이며 또한 가장 犧牲을 적게하는 經濟的인 方策이라는 것을 共産侵略을 당한 亞細亞諸國家의 經驗에 비추어 우리들은 깨닫게 되는 것입니다。

이렇게 갖추어진 各國의 힘이 合勢할때 그것은 共産侵略者들에 대한 무서운 防牌가 되는 것으로 여겨집니다。

1950年 韓國戰 當時 國際聯合 國家들이 그와 뭉친 힘으로서 共産侵略을 물리친 史實이 想起되는 것입니다。

이들은 戰爭後에도 共産再侵에 대한 保障을 韓國에 約束함으로서 이때까지 共産側의 再侵을 有効하게 牽制하여 왔던 것입니다。 이와 關聯하여 本人은 1968年 2月 21日字 書翰으로 閣下에게 韓國參戰 16個

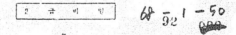

國에 의하여 1953年 華府에서 署名된 共同声明을 再確認할 것을 要請한 바 있읍니다。

本人은 現 韓国危機의 重大性에 비추어 1950年 北傀의 大韓民国侵略当時 国際聯合旗下에 韓国에 兵力을 派遣한 모든 友邦国 元首에게 同旨의 書翰을 発送하였읍니다。

우리는 参戦 16個国 全体가 一致하여 1953年 共同声明을 再確認하여 줄것을 希望하는 것입니다。 万若 이것이 不如意하면 그 代案으로서 1953年 共同声明에 直接 言及치 않고 이번 事態와 関聯하여 北傀의 侵略的 挑発行為를 共同으로 糾弾하고 大韓民国의 立場을 共同으로 支持하는 程度의 内容을 包含시킨 共同声明을 発表하던가 또는 参戦 16個国이 個別的으로라도 1953年 共同声明을 再確認케 하는 것도 좋을 것입니다。

이 交渉에 있어 英国政府가 보다 積極的이고 中枢的인 役割을 하여 줄 것을 期待하는 바입니다。

韓国은 国防力 強化에 全力을 다하는 한편 早速한 経済発展을 達成하여야 한다는 命題를 지니고 있으며 이를 解決하기 위하여 政府와 国民은 이 두가지 課業을 同時에 成就하겠다는 覚悟를 굳게하고 있읍니다。

韓国은 지금까지 英国政府의 直接.間接的인 寛大한 経済 및 技術支援에서 큰 도움을 받아온 바 있으나 韓国経済의 飛躍的 発展을 위한

Ⅱ 급 비 밀

새로운 段階를 맞이한 現時点에서는 美國政府의 經濟的 支援과 더불어 美國의 民間資本이 直接投資 또는 韓國民間企業과의 共同投資形式에 의하여 韓國經濟發展에 參與하는 것이 切實히 要請되고 있는 것입니다。 韓美間의 貿易이 增大一路에 있음은 매우 多幸스러운 일이라 생각되며 特히 韓國商品의 美國市場에의 進出은 括目할만한 것이 있읍니다。 이것은 閣下의 格別한 配慮와 美國政府와 民間에 의한 多大한 協調의 結果라고 생각되는 바입니다만 最近 美國國會를 中心으로 推進되고 있는 纖物, 鐵鋼, 油類 및 其他 몇가지 品目에 대한 輸入制限을 위한 立法化 運動은 自由貿易 政策을 一貫하여 오던 美國의 立場에 비추어 一種의 逆行이라고도 생각되오며 特히 韓國과 같이 開發途上國家로서 自立經濟達成을 위하여 輸出增進에 努力하고 있는 國家에 대하여는 美國의 이와같은 輸入制限措置는 莫大한 障害가 될것임이 分明합니다。

또한 最近에 美國은 弗貨防衛策을 위한 여러 法案을 마련하고 있는 것으로 알려져 있읍니다。 이러한 法案 亦是 韓國과 같은 開發途上國家의 対美輸出貿易에 큰 支障을 가지고 오게 된 것입니다。

閣下께서 特別한 配慮로서 韓國과 같은 開發途上國家의 商品은 이対象으로 부터 除外되도록 하여 주심이 妥當한 것으로 생각됩니다。

Ⅱ 급 비 밀

68-1-52
94

-9-

025

대외비 (Ⅱ 급 비 밀)

反面 「케네디·라운드」交渉에 의한 매우 劃期的인 關稅引下策이 美國의 發議로 實施되려 하고 있는줄로 알고 있읍니다。 이러한 關稅引下等 特惠措置가 早期에 그리고 可及的 広範囲하게 韓国의 対美輸出品目에 適用되어 實施되도록 要望하는 바입니다。 이런 모든 經濟的인 뒷받침이 우리 韓國의 經濟發展과 國力의 增强에 크게 이바지 할것임은 疑心할 餘地가 없는 것입니다。

越南戰爭에 관하여 한마디 말씀드리고저 합니다。

越南戰爭은 틀림없이 韓半島에 있어서의 北傀의 侵略的 動態와 그로 因한 韓國의 安全 및 防衛問題와 關聯되어 있읍니다。 即 越南戰線과 韓國戰線은 連結되어 있는 것이며 越南의 平和問題는 韓國의 平和問題와도 直結되어 있는 것이라고 믿고 있는 바입니다。

1966年 11月 「마니라」參戰 7個國 共同宣言에서 採択된 "自由의 目標"에서 亞細亞地域을 "安全, 秩序, 進步의 地域"으로 設定하고 이 地域의 平和와 安全을 達成하기 위하여 共同努力을 다할것을 다짐하였음은 우리의 記憶에 새롭습니다。

이 共同声明 精神에 비추어 우리들이 越南에서 達成하려는 目標는 越南自体의 安全과 平和를 위하여 越南國民의 自由獨立을 保障하여 주는데 있는 것이라 하겠읍니다。

이를 위하여서는 于先 共産侵略者들에 대하여 그들이 힘에 의하여 越南人의 自由를 剝奪할 수 있다는 것을 結果되고 屈伏시킬 수 없는 自由友

Ⅱ 급 비 밀

68-1-53
95
095

-10-

Ⅱ 급 비 밀

邦의 힘에 의하여 그들에게 認識시켜야 할것입니다.

따라서 敵이 挑發한 武器를 놓을때까지 우리는 決定的으로 敵을 壓倒하여야 할것입니다. 同時에 우리는 무엇보다도 韓國國民 그 自体의 自主的인 能力을 尊重하고 그들에게 自信과 將來의 安全保障에 希望을 주는 여러 施策을 強力히 推進하여야 할것이라고 믿어집니다. 共産主義者에 대하여는 이런 實力的 対決만이 實質的인 効果를 가지고 온다는 것을 再三 強調하고자 하는 바입니다.

閣下의 이번 対越和戰에 관한 讓步를 包含한 措置는 우리들의 斷乎한 決意와 積極的이고 強硬한 措處로 뒷받침함으로서 그 効果를 거둘것이라고 確信합니다.

「부에블로」號 拉致事件에 대한 北傀代表와의 板門店交渉은 아직 成果없이 継続되고 있음은 甚히 遺憾된 일이오며 最近 北傀는 狡猾하게 同船員들에 不法的인 方法으로 閣下앞 書翰을 作成하여 送付케 하고 美政府의 謝過를 要求하고 있다는 것을 듣고 있습니다.

이러한 또 하나의 北傀의 蠻行은 糾弾되어야 할 것이며 美國政府는 이런 卑劣한 手段에 속지말고 어디까지나 美國의 威信을 위하여서라도 이 事件을 名譽로운 方法으로 早速히 解決되도록 더욱 努力하실 것을 당부하는 바입니다. 勿論 우리 韓國國民은 同船員들이 全員 無事히 北傀의 魔手로부터 돌아오기를 빌어마지 않습니다.

이 機会에 本人은 韓美兩國의 変함없는 굳건한 団結과 또한 自由와 人權을 守護하고 名譽로운 平和를 追求함에 있어서의 閣下의 偉大한 勇氣와 自信에 대하여 本人의 한없는 信頼를 再三 다짐하는 바입니다.

Ⅱ 급 비 밀

68-1-54
96
[redacted]
027

-11-

[자료 10] 「대미교섭 활동 지침」 1968년 3월 23일. 『1.21 무장공비 침투 및 Pueblo호 납치사건,1968-69(V.8자료집 II) 』분류번호 729.55, 등록번호: 2669. 대한민국 외교사료관.

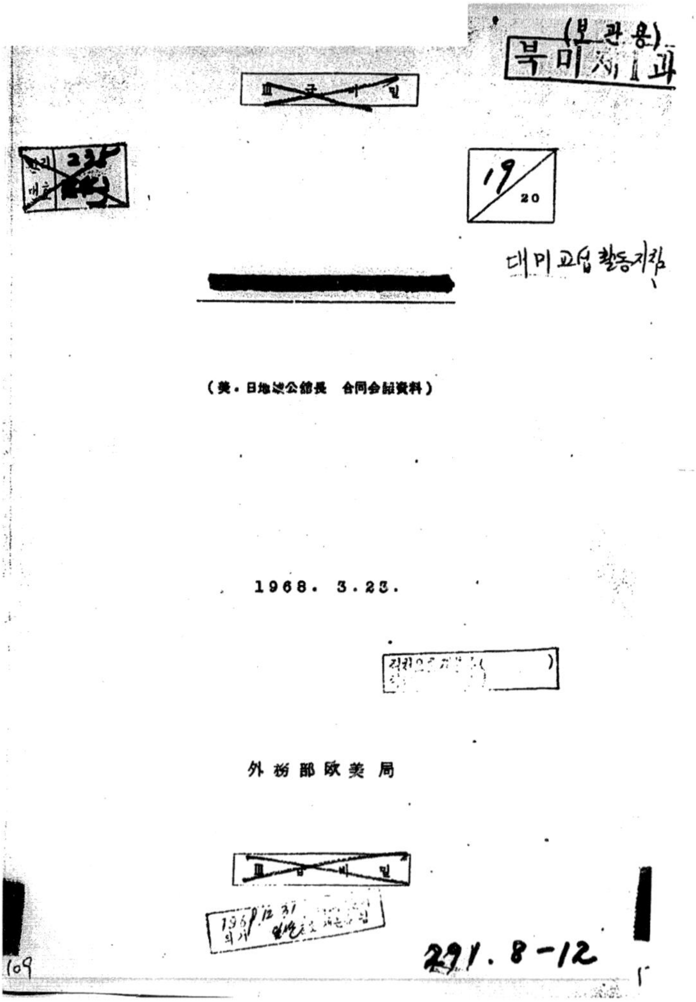
(보관용)
북미제1과

Ⅲ급비밀

19/20

대미교섭 활동지침

[redacted]

(美·日地域公館長 合同会議資料)

1968. 3.23.

外務部欧美局

Ⅲ급비밀

291.8-12

109

~~III 급 비 밀~~

. 美・日地域 公館長 会議 資料

1. <u>公館 活動状況에 대한 評価</u>

駐美 各公館의 活動状況中에서 特히 成果를 거두었다고 評価되는 活動은 다음과 같음.

가. 駐美大使館

(1) 北傀 武装共匪南派事件및 「푸에블로」号 拉致事件이 発生한後 積極性있는 対美交渉을 展開하여 많은 成果를 거두었으며 特히 我国政府의 立場을 잘 PR하였기 때문에 言論界및 議会에서 韓国事態에 대한 反応이 좋았음.

그러나 美国内의 이러한 反応에 対하여 本部에 詳細히 報告하지 않는듯한 傾向이 있으므로 앞으로 迅速, 正確한 報告를 해주기 바라며 継続的인 PR活動이 要望됨.

(2) 美国内의 定規 領事館및 名誉領事館 設置 慣例에 関한 調査報告書는 本部에서 政策을 樹立하는데 많은 도움이 된 優秀한 報告였음.

나. 駐 羅城 総領事館

(1) 韓・美 經済人協会및 韓・美商工会議所 等을 通한 經済人 相互間의 友好増進 活動이 活発히 展開되고 있음.

(2) 韓・美 都市間의 姉妹結縁을 通한 友好増進活動이 잘되고 있음.

例: 釜山市 - 羅城, 天安市 - Newhall, Calif.

仁川市 - Burbank, Calif.

(3) 対米 留学生 取扱交渉을 積極推進함으로서 많은 成果를 거두고 있음.

다. 駐「호노루루」総領事館

~~III 급 비 밀~~

-1-

110

~~[illegible] 비 밀~~

(1) 「사모아」에 出張하여 我國 遠洋漁船에 対한 協調와 「사모아」 當局의 協調措置를 交渉하여 많은 成果를 거두었음. 앞으로 「사모아」의 遠洋漁船団에 対한 協調와 保護活動을 加一層 強化하기 바람.

라. 駐 [illegible] 總領事館

(1) 지난 1月 "巨[illegible]"이 [illegible] [illegible]하였던 海軍逃亡兵 2名의 送還措置를 迅速히 取하였으며 [illegible]公館의 積極的 協調가 [illegible]되었음.

(2) [illegible] 交渉을 [illegible] 推進함으로서 많은 成果를 거두고 있음.

마. 駐「뉴욕」總領事館

(1) 駐美 大使館과의 協調体制를 強化하고 있으며 特히 [illegible]에게 보낸 [illegible] 活動에 있어서 相互 및 協力하고 있음.

2. <u>対美 防衛問題 및 外交活動指針</u>

北傀 武装共匪南派挑發 및 「푸에블로」號 拉北事件을 契機로 하여 我國의 対美外交는 새로운 局面을 맞이하게 되었는바, 我國의 防衛力 強化 및 韓美友好関係를 増進시키기 為하여 從前의 積極的인 外交活動이 要請되고 있음.

1) 防衛問題

가. 我國의 防衛力을 強化하기 위한 軍援交渉을 継続 推進하고 特히 美國의 対韓軍援을 増加시키도록 努力할 것.

나. 韓·美防衛条約을 補完하여 [illegible]을 包含하여 北傀가 侵略行為를 再開할때 美國의 即刻的인 反応을 保障받도록 継続 交渉할 것.

다. 中共의 核武力 開発에 対備하여 [illegible] 및 太平洋地域의 共同防衛를 為한 協力体制를 強化할 수 있는 方策을 研究할 것 (미일 142 (68.3.12) 參照)

라. 參戰 16個國 共同宣言의 再確認을 위한 交渉에 있어서 美國의

~~[illegible] 비 밀~~

-2-

111

積極的인 支援을 받도록 努力할것。

마。「푸에블로」号 乘務員의 送還 交涉에 있어서 我国의 立場을 積極 反映시키고 名譽로운 解決策을 模索하도록 要求할것。

2) 美国議会에 대한 協調体制 強化

가。美国 議会議員과의 接触強化

(1) 駐美大使館에 議会專担 職員을 指命하여 美国의 上下両院 議員들의 対韓国 및 対極東問題等 我国과 利害関係가 있는 問題에 대한 発言 및 態度等을 恒時 把握할것。

(2) 親韓的인 発言을 한 議員에 대하여는 即時 謝意를 表하고 恒時 이들 議員들과 緊密한 個人的인 接触을 維持할것。

(3) 我国과 利害関係가 있는 法案審議 및 公聴会等에는 반드시 直接 参席하여 動静을 把握할것。

나。韓。美 国会議員協会 組織

(1)目 的 : 韓国問題에 関한 議員들의 理解를 促進시키고 我国과 利害関係가 있는 法案審議에 있어서 我国에 有利한 立場을 取하도록 交涉하며 나아가서 韓。美 両国 議員間의 友好親善을 図謀하기 為한것임。

(2)組 織 : 親韓的인 議員 및 有力한 議員으로 構成할것。

(3)年例会議 : 서울과 「와싱톤」에서 交替的으로 年例会議를 開催。

다。上記한 活動을 為하여 各総領事館에서도 管轄地域 出身議員과 随時로 接触하고 積極的인 支援을 하도록 努力할것。

대외비 (crossed out)

3) 対美友好関係 増進

가. 韓国動乱時의 戦没美軍将兵을 위한 記念碑를 「알링턴」美国立墓地에 建立토록 推進할 것.

나. 名誉領事任命推進

(1) 年次的으로 美国의 主要都市에 名誉領事를 任命할 計劃인바, 下記要領에 의하여 名誉領事 候補를 推薦할 것.

① 我国의 政治, 経済, 文化事情에 精通한 者.

② 我国의 政府施策에 積極協助하고 我国의 利益을 増進시킬 수 있는 有力人士.

③ 経済的으로 餘裕가 있고 独自的인 事務室을 가지고 있거나 開設할 수 있는 者

(2) 任命形態

① 公館이 設立되어 있지 않은 都市에 優先的으로 任命하되 職位는 名誉領事로 할 것.

② 公館이 이미 設立되어 있는 都市에도 友好 및 通商増進에 도움이 된다고 認定할 境遇에는 名誉領事 또는 名誉副領事를 別途로 任命할 수 있음.

다. 著名人士의 訪韓招請

韓・美 両国間의 友好増進을 為하여 美国内 言論界 및 其他分野의 著名人士의 訪韓招請을 積極推進할 것.

대외비 (crossed out)

—4—

117

Ⅲ 급 비 밀

昨年에 「풀브라이트」上院 外交委員長과 「월터·리프만」氏의 訪韓招請 可能性을 打診한 바 있으나 이들은 各己 事情에 依하여 訪韓提議를 受諾하지 않었는바, 앞으로 上記 兩人 또는 其他 著名人士의 訪韓招請 可能性을 継続 打診할 것.

라. 韓·美 都市間의 姉妹結縁을 奬勵할 것.

現 況

釜 山 - Los Angeles, Calif.　　仁 川 - Burbank, Calif.

原 州 - Roanoke, Va.　　天 安 - Newhall, Calif.

마. 韓·美 経済人協会 또는 商工会議所等을 各地域別로 結成하도록 努力할 것.

바. 韓·美 査証発給協定締結을 契機로 하여 観光 및 投資誘致에 힘쓰고 其他 通商関係의 利益을 為해 積極 努力할 것.

앞으로는 観光 및 商用査証의 有効期限을 無期限으로 하는 協定締結을 検討中에 있음.

사. 農業実習生의 派遣交渉

農業高等学校 또는 農科大学卒業者를 美国에 派遣하여 美国의 農業技術을 習得시키고저 하는바 日本 및 南美諸国의 対美農業実習生 派遣에 関한 先例에 따라 我国의 農業実習生을 短期間 (約 2年間) 美国에 派遣할 수 있도록 美国移民局 및 農場主側과 交渉할 것.

(本部指示: 「미일」722-1221, 68. 1. 16)

現 況　1. New Jersey Farm Bureau (駐美大使)

2. California-Arizona, Farm Labor Association (羅城)

3. International Association of Collaboration of Farmers (상항)

4. Iowa Farm Bureau Federation (駐美大使)

Ⅲ 급 비 밀

Ⅲ 급 비 밀

4). 駐越美軍休暇 (R & R) 将兵 韓国誘致 推進件

가. 経 緯

(1) 国際観光公社가 駐越美軍司令部, 駐韓美軍司令部 및 駐韓美国大使館을 相対로 継続交渉推進하여 왔음.

(2) 政府는 67年 12月 9日 国務会議에서 「駐越美軍休暇将兵誘致를 為한 協助事項」을 議決.

(3) 交通部 観光局長을 委員長으로한 誘致対策 委員会는 3次의 会議를 開催.

(4) 68年 1月 20日 観光公社 総裁가 駐韓美軍司令官과 面談한바, 同司令官은 本件 推進에 関与할수 없다고 말하고 直接 美太平洋地区司令官 및 駐越美軍司令官과 交渉할 것을 慫慂하였음.

나. 要 請

(1) 駐美大使館 – 美国務省 및 国防省을 相対로 韓国을 駐越美軍休暇地로 包含토록 交渉하고 그結果를 報告.

(2) 駐「호노루루」総領事館 – 太平洋地区 総司令官을 相対로 同一한 交渉 및 結果報告.

5). 韓美軍隊地位 協定運営

가. 経 緯

(1) 1967年 2月 9日 発効된 韓美軍隊地位協定은 美軍의 韓国駐屯으로 発生하는 全般的인 問題를 取扱하고 있음.

(2) 協定運営協議機関으로 韓.美 合同委員会와 8個常設分科委員会 및 1個 臨時分科委員会 都合 9個分科 委員会를 設置하고 있음.

3 급 비 밀

– 6 –

115

(3) 67年 2月 9日 発効以来 現在까지 合同委員会는 22回 分科委員会는 74回 開催하였는 바, 179件의 案件을 処理하였음.

(4) 協定은 専門分野別 分科委員会 (施設区域, 刑事裁判權, 請求權, 労務, 財務, 商務, 交通, 公共料金, 出入国(臨時))에서 討議를 거쳐 合同委員会에서 最終 決定하고 있음.

(5) 重要処理件은 主로 駐韓美軍과 韓国과의 사이에 身分과 財産에 関聯되는 事項으로 施設과 区域 및 刑事裁判權 施行에 必要한 各種 節次規定等 15種과 其他 免税品의 不正去来 防止策, 共同投資, 公共料金徵収, 駐韓美軍 韓国人 従業員의 貯蓄組合組成 및 労使紛争 解決 등 多数 列挙할 수 있음.

(6) 特히 駐韓美軍 犯法者에 대하여는 現在까지 15件 25名에 대하여 裁判權을 行使한 바 있음

나. 要請事項

(1) 現在 合同委員会는 相互理解와 協同精神으로 美軍의 韓国 駐屯으로 일어나는 여러가지 問題를 円滑하고 迅速히 解決하는 데 貢献이 多大한 바, 이들 協定運営 結果에 대한 美政府内의 反応을 報告.

(2) 駐韓美軍의 刑事裁判權 行使에 관하여는 境遇에 따라 美政府와 言論界에서 微妙한 움직임을 보일 可能性이 있는바 이에 대한 反応을 随時 調査 報告.

一般文書로 再分類 (1969.12.31)

[자료 11] "Telegram From the Embassy in Korea to the Department of State", Korea vol 5, President Park Correspondence, National Security File, March 1968, Box 255, LBJ Presidential Library.

LYNDON BAINES JOHNSON
LIBRARY & MUSEUM

Collection Title:

NSF, Country File

Korea, Vol. V, Cables and Memos 9/67-3/68

Box Number:

255

Department of State **TELEGRAM**

SECRET 309

2

PAGE 01 SEOUL 04784 081616Z

47
ACTION SS 30

INFO SSO 00,NSCE 00,CCO 00,/030 W

O 081045Z MAR 68 ZFF-6
FM AMEMBASSY SEOUL
TO SECSTATE WASHDC IMMEDIATE 9528
INFO CINCPAC IMMEDIATE

DECLASSIFIED
Authority NLJ 92-338
By cb/is, NARA, Date 8-5-98

S E C R E T SEOUL 4784

EXDIS

SUBJ: ADDITIONAL ROK TROOPS FOR VIET-NAM

1. FOR SECOND WEEK IN A ROW, PRIME MINISTER DELIBERATELY RAISED SUBJECT OF ADDITIONAL ROK TROOPS FOR VIETNAM. (SEE MEMO OF CONVERSATPON DATED FEB 29, 1968.) THIS TIME HE BEGAN BY ASKING WHETHER U.S. WOULD INCREASE NUMBER OF TROOPS BEING SENT TO VIETNAM. AMBASSADOR SAID HEBELIEVED WE WOULD BE AT LEVEL OF ABOUT 525,000 MEN IN VERY NEAR FUTURE.PRIME MINITER SAID

PAGE 2 RUALOS 4784E S E C R E T
HE THOUGHT THATHWAS GOOD, BUT DIDN'T U.S. NEED MORE KOREAN TROOPS. AMBASSADOR REPLIED THAT WE DO AND THAT, AS HE HAB INDICATED A WEEK AGO, HE INTENDED TO APPROACH ROKG ON THIS SUBJECT AGAIN SOON. HAD PRIME MINISTER'S THOUGHTS ON THIS DEVELOPED SINCE OUR LAST MENTION OF IT, AMBASSADOR ASKED.

2. THE PRIME MINISTER THEN OUTLINED AN ELABORATE SCENARIO, INDICATINGHTHAT HE HAD BEEN THINKING ABOUT THIS SUBJECT SINCE OUR LAST MEETING, WHICH INVOLVED THE FOLLOWING: HE SAID THAT HE HAD EXCELLENT INFORMATION TO EFFECT THAT WITHIN NEXT YEAR OR SO, PRIME MINISTER SATO OF JAPAN WOULD REQUEST U.S. TO RETURN OKINAWA TO JAPAN. THIS WOULD GIVE SATO A POLITICAL ADVANTAGE HE WOULD NEED TO STAY IN POWER

SECRET

Department of State TELEGRAM

SECRET

PAGE 02 SEOUL 04784 081616Z

AND TO PERMIT U.S./JAPAN DEFENSE TREATY TO REMAIN IN EFFECT AFTER 1970. MEANWHILE IN VIETNAM THE WAR WOULD BE CONTINUING, AND HE AGREED WITH THE AMBASSADOR THAT THIS WAS A CRUCIAL YEAR IN VIET-NAM AND THERE WOULD

PAGE 3 RUALOS 4784E SECRET

BE A CONTINUING NEED FOR MORE TROOPS TO EXERT MAXIMUM PRESSURE ON THE ENEMY.

3. AFTER STRESSING THAT HE WAS GIVING ONLY HIS OWN IDEAS AND HAD CONSULTED NO ONE, THEPRIMIN SAID THAT AN AMERICAN VICTORY IN VIETNAM IS A VICTORY FOR KOREA, AND AN AMERICAN DEFEAT IN VIETNAM A DEFEAT FOR THE ROK. UNDER CERTAIN CIRCUMSTANCES, PRIMINBELIEVED, ROK MIGHT BE PERSUADED TO SEND AN ADDITIONAL TWO DIVISIONS AND PERHAPS MORE. HOWEVER, THIS COULD ONLY BE MANAGED THROUGH A MEETING BETWEEN PRESIDENT JOHNSON AND PRESIDENT PARK, PERHAPS IN HAWAII. AT THAT MEETING (OR PERHAPS BEFOREHAND) PRIMIN THOUGHT U.S. SHOULD STATE ITS WILLINGNESS TO:

(A) PROVIDE NECESSARY FINANCIAL ASSISTANCE TO PERMIT ROK TO PLACE ITS THREE READY RESERVE DIVISIONS, WHICH ARE NOW FULLY EQUIPPED, ON ACTIVE DUTY;

(B) U.S. SHOULD THEN BRING THE SEVEN ROK REAR AREA

PAGE 4 RUALOS 4784E SECRET

SECURITY RESERVE DIVISIONS UP TO THE EQUIPMENT LEVELS OF REGULAR READY RESERVE DIVISIONS. THIS COULD BE DONE AT AN EQUIPMENT COST OF ABOUT NINE MILLION DOLLARS FOR EACH DIVISION.

(C) U.S., WITH REVERSION OF OKINAWA IN MIND, SHOULD CONSTRUCT A LARGE AIR BASE ON CHEJU-DO FOR USE BY SUCH SOPHISTICATED AIRCRAFT AS THE F-4.

4. IF THIS COULD BE DONE, PRIMIN CONTINUED, PRESIDENT PARK WOULD PROBABLY BE WILLING TO SEND TWO REGULAR DIVISIONS TO VIETNAM, PERHAPS REPLACING THESE REGULAR ACTIVE DUTY DIVISIONS IN KOREA WITH THE THREE ACTIVATED

SECRET

WITHOUT THE AUTHORIZATION OF THE EXECUTIVE SECRETARY

[자료 12] "Telegram From the Embassy in Korea to the Department of State ", Korea vol 5, President Park Correspondence, National Security File, 24. January 1968, Box 255, LBJ Presidential Library.

Department of State TELEGRAM

~~SECRET~~

PAGE 03 SEOUL 04784 081616Z

READY RESERVE DIVISIONS. IN ADDITION, BY FOLLOWING THROUGH ON PREVIOUS PROPOSAL TO EMPLOY FIVE THOUSAND CIVILIAN RESERVISTS IN LOGISTICAL JOBS IN VIETNAM TO ENABLE THE DISPATCH OF PREVIOUSLY DISCUSSED LIGHT ROK DIVISION, IT WOULD THEN BE POSSIBLE TO INCREASE NUMBER OF ROK TROOPS FOR VIETNAM BY TWO DIVISIONS AND THE TWO-REGIMENT LIGHT

PAGE 5 RUALOS 4784E ~~S E C R E T~~
DIVISION. THIS WOULD MAKE A TOTAL OF FIVE ROK DIVISIONS IN VIETNAM.

5. COMMENT: PRIMIN CAREFULLY CHARACTERIZED FOREGOING AS ENTIRELY HIS OWN IDEA, WHICH HE HAS DISCUSSED WITH NO ONE. IT SEEMS CLEAR, HOWEVER, THAT FROMREFINEMENTS CONTAINED IN THIS PRESENTATION, AND FROM SCOPE OF HIS PROPOSAL, THAT HE HAS BEEN THINKING ABOUT THIS SUBJECT SINCE OUR LAST MEETING, AND THAT HE HAS QUITE PROBABLY DISCUSSED IT WITH OTHERS, POSSIBLY INCLUDING THE PRESIDENT. I RESPONDED TO ALL THIS BY SAYING THAT WE WOULD THINK ABOUT THIS AND WOULD DISCUSS SUBJECT WITH HIM AGAIN IN NEAR FUTURE.

6. I WOULD APPRECIATE YOUR THOUGHTS AND SUGGESTIONS FOR USE IN FOLLOW-UP I SHOULD MAKE ON THIS SUBJECT. ALSO, QUESTIONS WHICH YOU WOULD WISH TO HAVE CLARIFIED IN CONNECTION WITH IT.

7. GENERAL BONESTEEL HAS SEEN THIS MESSAGE AND REQUESTS COPY BE ROUTED TO CINCPAC.
GP-3. PORTER

~~SECRET~~

NOT TO BE REPRODUCED WITHOUT THE AUTHORIZATION OF THE EXECUTIVE SECRETARY

INFORMATION

WHITE HO E
WASHINGTON

14

14a

S

~~SECRET~~

Wednesday, January 24, 1968
10:15 a.m.

Wednesday, January 24, 1967

3-27-95

Mr. President:

Rec'd 10a

This will give you the flavor of President Park's reaction to recent events in Korea.

R PORTER (Seoul, 3598)

W. W. Rostow

DECLASSIFIED
White House Guidelines, Feb. 24, 1983
By cb/rg, NARA, Date 3-27-95

Seoul 3598

~~SECRET~~

to representations made to the
uth Korean Government avoid reprisals
ne to call this afternoon and kept me
a request for a statement of the
the Pueblo incident. I recounted the
is as well as the attitude we took in
eting this morning. I also told him
ely on us to remain in contact with him

the fact that we had asked North
urn of the ship. To this we should
surance that there would be no more
raiding of any kind into South Korean territory. I said the UN Command had asked for the Military Armistice Commission meeting because we wanted to get at the North Koreans on the subject of the raid, and the ship affair had developed later. He could be sure that the raid would figure prominently in the exchange at Panmunjom though we had no precise indication from the South Korean government prior to my conversation with him as to what it desired. Park said that the problem would become acute when the North Koreans say first, that there was no raid, that the attack on Blue House in Seoul was simply a peoples' uprising; and second, when they reject our request for an apology and refuse to return the ship. If we try to minimize the affair from then on, American prestige will fall greatly as the matter has gone too far on both sides.

I said the matter has to be considered very carefully and that we must think about rather than react immediately to the enemy's initiatives. The enemy had taken these actions at times and in places of his own choosing. He was now undoubtedly in an alert posture and there were many reasons why we should not accommodate him. It was this which led us to make representations to the Prime Minister this morning on the subject of reprisals.

Park said vehemently that we seemed to be more worried about reprisals by the South Korean government than we are about getting satisfaction out of the

~~SECRET/EXDIS~~

14a

S

SECRET/EXDIS

DECLASSIFIED
E.O. 12356, Sec. 3.4
NLJ 93-367
By cb/isp, NARA, Date 3-27-95

Wednesday, January 24, 1967

TEXT OF CABLE FROM AMBASSADOR PORTER (Seoul, 3598)

President Park reacted strongly to representations made to the Prime Minister to the effect that the South Korean Government avoid reprisals against the North Koreans. He asked me to call this afternoon and kept me for an hour and a half. He opened with a request for a statement of the position as I knew it, with emphasis on the Pueblo incident. I recounted the facts as they have been transmitted to us as well as the attitude we took in the Military Armistice Commission meeting this morning. I also told him of naval movements and said he could rely on us to remain in contact with him as this affair developed.

Park commented immediately on the fact that we had asked North Korea for an apology and immediate return of the ship. To this we should have added, he said, that we wanted assurance that there would be no more raiding of any kind into South Korean territory. I said the UN Command had asked for the Military Armistice Commission meeting because we wanted to get at the North Koreans on the subject of the raid, and the ship affair had developed later. He could be sure that the raid would figure prominently in the exchange at Panmunjom though we had no precise indication from the South Korean government prior to my conversation with him as to what it desired. Park said that the problem would become acute when the North Koreans say first, that there was no raid, that the attack on Blue House in Seoul was simply a peoples' uprising; and second, when they reject our request for an apology and refuse to return the ship. If we try to minimize the affair from then on, American prestige will fall greatly as the matter has gone too far on both sides.

I said the matter has to be considered very carefully and that we must think about rather than react immediately to the enemy's initiatives. The enemy had taken these actions at times and in places of his own choosing. He was now undoubtedly in an alert posture and there were many reasons why we should not accommodate him. It was this which led us to make representations to the Prime Minister this morning on the subject of reprisals.

Park said vehemently that we seemed to be more worried about reprisals by the South Korean government than we are about getting satisfaction out of the

SECRET/EXDIS

North Koreans. He said he respects the UN Command and the wishes of the American ally and he will not undertake unilateral reprisals at this point. He wanted to make it very clear, however, that retaliation will become inevitable if there are any more attacks by the North on South Korea. He said the objective of the raid was to kill the President and his family and they had very nearly succeeded. He knows that there are 2400 additional men in North Korea with similar training and purpose. These men have been taken from the North Korean Army and given special training. They are located in six centers and he would like to strike them and eliminate the entire unit in one blow. He said he is convinced that this will have to be done sooner or later or they will come down here again and again, striking at many different targets.

Park said that if the United States gets no satisfaction in the matter of the Pueblo, we should strike North Korean naval ships along the east coast after first neutralizing North Korean air power. The South Korean government would be glad to cooperate in such a venture.

When he paused I said his friend President Johnson would be pleased to have his assurance that there would be no unilateral action against the North by the South Korean government. I said we understand that he has been subjected to great provocation but that he would be measured in the United States and everywhere else throughout the non-Communist world by the restraint he shows in these difficult circumstances. He repeated again his view that we are going to have to do something because of the attitude we have taken in demanding an apology and the immediate return of the ship, and he wants added to that in any way we can get it across that there must also be assurance to the South Korean government that there will be no more forays from the North. He is convinced that if we have to act against North Korea, Chinese internal troubles will keep them from moving provided they are given assurance that there will be no threat to their territorial integrity.

The meeting terminated on the note of reiteration that the South Korean government would engage in no unilateral reprisals in connection with this incident. I assured him that we would consult fully with him as developments occur.

Comment: I think we have what we want from him in the way of assurance, but if there is another incident all bets are off. I suggest you consider a brief message from President Johnson to Park admiring his restraint and statesmanship and assuring him of close cooperation and consultation.

연표

일자		내용
1968년	1. 21	1.21 청와대 기습 사건 발발
	1. 23	미국 정부수집함 푸에블로호(The USS Pueblo) 피납
	1. 24	포터 주한 미국대사와 박정희 대통령 면담 - 박정희 대통령 "북한이 침략적 책동 계속하면 군사적 대응 불가피" 강조 [자료 12] "Telegram From the Embassy in Korea to the Department of State," Korea vol 5, President Park Correspondence, National Security File, 24. January 1968
	1. 25	최규하 외무부 장관 성명서 발표 - 1.21 사건과 푸에블로호 피납 사건을 연계
	1. 26	박정희 대통령 기자회견 - "미국의 외교 성과가 없으면, 군사적 조치가 필요하다"언급
	1. 26	주미 한국대사가 외교부 장관에게 전문 발송 [자료 5] 「주미 한국대사가 외무부장관에게 보낸 전문」, 1968년 1월 26일
	1. 26	미국 정부 Korea Working Group 구성 푸에블로호 피납 사건 전담 범 정부 기구 조직
	1. 26	미국 국방부 장관 한국에 대한 추가 군사 원조 고려 - 1억 달러 추가 지원 의회 요청 계획 대통령 보고
	1. 27	한국 국회 여야 중진 회의 공동성명 발표 - "국군의 현대화 시급, 미국의 즉각적인 특별지원 촉구"
	1. 27	미국 공군 「포메이션 스타(Formation Star)」 작전 착수
	1. 27	미국 해군 「컴뱃 폭스(Operation Combat Fox)」 작전 착수
	1. 28	주한 미 대사 국무부에 전문 - 박정희 정부의 북한에 대한 단독 군사 보복 가능성 언급"
	1. 28	한국 정부 "미북 간 직접 교섭 반대" 의사 미국에 전달
	1. 29	주미 한국대사가 외교부 장관에게 전문 발송 [자료 7] 「주미 한국대사가 외무부장관에게 보낸 전문」, 1968년 1월 29일
	1. 29	최규하 외무부 장관 국회보고 [자료 8] 「최규하 외무부장관 국회보고 메모」, 1968년 1월 29일
	1. 30	미국이 북한의 판문점 비공개 협상 제안 수용
	2. 2	미·북 1차 판문점 비공개 협상 시작
	2. 3	박정희 대통령이 존슨 대통령에게 친서 전달 - "한미 간 고위급 회담 즉각 개최 희망"
	2. 3	존슨 대통령이 박정희 대통령에게 친서 전달 [자료 4] 「존슨 대통령이 박정희 대통령에게 보낸 친서 전문」 1968년 2월 3일

일자		내용
1968년	2. 5	미·북 3차 판문점 비공개 협상 - 북한이 미국과의 '정부 대 정부' 협상 의중 피력
	2. 7	한국, 향토예비군 창설 선언
	2. 8	미 국무부 밴스 특사에게 4가지 임무 하달 [자료 1] "Paper Prepared in the Department of State," February. 1968
	2. 9	주한미군 사령관 태평양사령관에게 전문 발송 - " 한국 공군이 북한을 공습할 가능성"언급
	2. 12	밴스 특사와 박정희 대통령 면담 [자료 3] 「박대통령 각하와 밴스 미대통령특사의 대담요록」, 1968년 2월 12일
	2. 14	한국 외무부 장관과 밴슨 특사·포터 주한 대사 간 합의 - "평화로운 해결책을 지향하며 군사적 행위는 사전에 협의"
	2. 15	한미 공동선언문 발표 - "북한이 다시 도발을 강행하면 한미상호방위조약에 따라 양국이 취해야 할 조치를 신속히 결정하여, 한국의 안보가 위협을 받는다고 인정될 경우 언제라도 인문제에 대한 협의를 즉각 개시할 것을 재확인한다"고 양국은 합의 - 한국군 현대화, 미국의 군사원조 증액, 한국의 자주국방체제 구축을 위한 미국의 지원, 한미 국방각료회의 창설 합의 등
	2. 15	밴스 특사와 존슨 대통령 면담 [자료 2] "Notes of the President's Meeting with Cyrus R. Vance," February 15, 1968
	3. 2	주미 한국대사가 외교부 장관에게 전문 발송 [자료 6] 「주미 한국대사가 외무부장관에게 보낸 전문」, 1968년 3월 2일
	3. 21	미·북 12차 판문점 비공개 협상 - 미국의 북한 요구 일부 수용 의사
	4. 1	주한 미 포터 대사의 태평양 사령관에게 보낸 전문 - 한국군의 북한에 대한 독자적 군사행동 가능성에 대한 우려 표명
	4. 13	한미 정상회담 직전 대통령 친서와 정부 입장 초안 [자료 9] 「한미간 현안문제에 대한 친서안과 설명안」, 1968년 4월 13일
	4. 17	한미정상회담 개최(호놀룰루) - 한국사태, 베트남전, 아시아태평양지역 주요 문제등 4장 19항 공동선언문 채택 - 주요 내용: 미국의 한국군의 현대화 필요성 인정 및 군사적·경제적 지원의 재확인. 미군의 아시아 주둔 지속에 대한 한국의 찬성
	5. 27	제 1차 한미국방각료회의 개최
	10. 30 -11. 2	북한 게릴라군 울진·삼척 지역 침투
	11. 6	미국 대선에서 닉슨 후보가 차기 대통령으로 당선
	12. 17	미·북 26차 판문점 비공개 협상 - 미국의 제안을 북한이 최종 수용 의사 피력

일자		내용
1968년	12. 23	미·북 29차 판문점 비공개 협상 - 북한이 준비한 사과문에 미국이 서명하며 협상 공식 종료
	12. 23	부처(Bucher)함장 등 푸에블로호 생존 승무원 전원 송환
1969년	4. 26	박정희 대통령이 닉슨 대통령에게 친서
	7. 25	닉슨 독트린 발표
	8. 22	한미정상회담(샌프란시스코) - 닉슨 대통령의 주한미군 철수 가능성 부인
	12	미국이 주한미군 일부 철수 계획을 비공식적으로 한국에 전달
1970년	2. 6	최규하 외무부 장관과 미국 포터 대사 간 15억 달러 규모 특별 군사 원조 합의

찾아보기